中等职业教育精品教材

礼仪与职业素养

主　编	胡钰凤	卓宜男	
副主编	翁丽芬	叶　琴	杜　静
参　编	王焓裳	刘益妙	江　天
	王丽梅	蔡　萍	黄　莎
	章舒滕	谢文宣	陈海红
	宋晓兰	陈玉斐	陈鑫未
	王若冰	王嫣然	叶谦谦
	卢雪萍	陈　蕾	卢立宁

北京理工大学出版社
BEIJING INSTITUTE OF TECHNOLOGY PRESS

版权专有　侵权必究

图书在版编目(CIP)数据

礼仪与职业素养/胡钰凤，卓宜男主编．－－北京：北京理工大学出版社，2021.7（2024.7重印）

ISBN 978-7-5682-9921-3

Ⅰ．①礼⋯　Ⅱ．①胡⋯②卓⋯　Ⅲ．①礼仪—中等专业学校—教材②职业道德—中等专业学校—教材　Ⅳ．① K891.26 ② B822.9

中国版本图书馆 CIP 数据核字（2021）第 112299 号

责任编辑：李慧智		**文案编辑**：李晴晴	
责任校对：刘亚男		**责任印制**：边心超	

出版发行 / 北京理工大学出版社有限责任公司

社　　址 / 北京市丰台区四合庄路 6 号

邮　　编 / 100070

电　　话 /（010）68914026（教材售后服务热线）
　　　　　　（010）68944437（课件资源服务热线）

网　　址 / http：//www.bitpress.com.cn

版 印 次 / 2024 年 7 月第 1 版第 2 次印刷

印　　刷 / 定州市新华印刷有限公司

开　　本 / 889 mm×1194 mm　1/16

印　　张 / 12

字　　数 / 195 千字

定　　价 / 38.50 元

图书出现印装质量问题，请拨打售后服务热线，负责调换

管仲曾经指出："礼义廉耻，国之四维。"将礼仪列为立国的精神要素之本。我国是一个文明古国，素称"礼仪之邦"。因此，在职业学校加强礼仪素养教育，不仅能培养学生良好的礼仪习惯和交际能力，提高学生的综合竞争力，更能有效地改善学校管理工作，助力学生继承和发扬祖国的传统文化。

常言说"有礼走遍天下"，指的就是人们在具体的交际活动中懂规矩、讲礼仪的重要性。一般而言，人们的教养反映其素质，而素质又体现于细节，细节往往决定着成败。著名公共关系与礼仪专家金正昆教授曾经指出，礼仪有助于净化社会风气，推进社会主义精神文明建设。因此，学习礼仪、应用礼仪，对现代人而言，既是大势所趋，也是人心所向。本书深入贯彻党的二十大精神，落实立德树人根本任务，旨在引导学生树立正确的职业观念，增强职业荣誉感和社会责任感，以更好地适应职场需求和个人发展需求。

本书属于职业学校学生礼仪通识教材，源于生活、对接职场，主要内容包括礼仪概述、职业素养概述、职业形象塑造、人际交往礼仪、职业活动礼仪五个模块。书中配以妙趣横生的礼仪故事、通俗实用的典型案例、精确到位的礼仪提示和丰富多样的图示，避免了枯燥的说教形式，融趣味性、知识性、实用性为一体,增强了教材的可读性和实用性。

希望本书的出版能起到抛砖引玉的作用,让更多的人关注礼仪,并身体力行,在各种场合通过个人的言行举止展现中华民族的文明素质。

由于编者的水平有限和时间仓促,书中疏漏之处在所难免,恳请各位专家和广大读者对本书提出宝贵意见和建议。

编　者

目录

模块一　礼仪概述：人道之极 ········· 1

第一讲　礼仪概述：约定俗成即为礼 ········· 1
一、礼仪的起源 ········· 3
二、礼仪的发展 ········· 4
三、礼仪和职业礼仪 ········· 9

第二讲　礼仪功能：人际交往的PASS卡 ········· 12
一、礼仪是个人形象的注脚 ········· 13
二、礼仪是人际关系的基石 ········· 14
三、礼仪是文明进步的标志 ········· 15

第三讲　礼仪养成：内诚于心，外信于人 ········· 15
一、勿以善小而不为——从小事做起，循序渐进 ········· 16
二、吾日三省吾身——内省和慎独 ········· 16

模块二　职业素养概述：塑心立行 ········· 20

第一讲　职业素养：塑造你的职业修养 ········· 20
一、职业道德——人品，大于能力 ········· 22
二、职业意识——知礼而后行 ········· 27
三、职业技能——学历不等于能力 ········· 29

第二讲　从业素质：提升你的职业形象 ········· 34
一、良好的思想品德 ········· 34
二、积极的进取精神 ········· 36
三、树立正确的人生观和价值观 ········· 39

模块三　职业形象塑造：微笑是你最美的名片 ………………………………… 40

第一讲　仪容仪表：人际关系敲门砖 …………………………………………… 40
一、个人卫生——外在形象的基石 ……………………………………… 41
二、妆面发型——云想衣裳花想容 ……………………………………… 42

第二讲　形体仪态：谦谦君子，落落大方 ……………………………………… 49
一、表情管理——回眸一笑百媚生 ……………………………………… 50
二、仪态管理——站如松，坐如钟 ……………………………………… 54

第三讲　服饰设计：出色而不出位 ……………………………………………… 59
一、服装搭配——佛靠金装，人靠衣 …………………………………… 60
二、饰品搭配——锦上添花，好上加好 ………………………………… 65

模块四　人际交往礼仪：人情练达即文章 …………………………………… 71

第一讲　会面交往：礼仪为形象加分 …………………………………………… 71
一、称呼——不容小视的细节 …………………………………………… 71
二、介绍——迅速融入新环境 …………………………………………… 75
三、握手——建立联系的第一次触碰 …………………………………… 79

第二讲　通信联络：跨越时空的交流 …………………………………………… 85
一、书信礼仪——不能遗忘的文化 ……………………………………… 85
二、电话礼仪——你的声音名片 ………………………………………… 91
三、网络礼仪——跨越时空的交流 ……………………………………… 96

第三讲　生活场景：细节处处精彩 ……………………………………………… 105
一、用餐礼仪——民以食为天，食以礼为先 …………………………… 106
二、公共礼仪——不学礼，无以立 ……………………………………… 121
三、交通礼仪——足行千里，步步为安 ………………………………… 126

模块五　职业活动礼仪：让你的职场更具魅力 ········· 132

第一讲　求职面试：周全礼貌，赢在细节 ········· 132
一、简历撰写——进入职场的敲门砖 ········· 132
二、面试礼仪——决定成败的小细节 ········· 137
三、就职准备——胸有成竹的底气 ········· 143

第二讲　工作相处：守好距离，珍惜相处 ········· 147
一、职场形象——脱颖而出的秘密武器 ········· 147
二、同事关系——立足职场的必备守则 ········· 153
三、办公环境——营造舒适的工作氛围 ········· 159

第三讲　商务社交：细节决定成败 ········· 163
一、拜访礼仪——茅庐三顾，行为心表 ········· 163
二、接待礼仪——迎来送往，以礼相待 ········· 167
三、宴请礼仪——良辰吉地，宾主尽欢 ········· 173

参考文献 ········· 182

礼仪概述：人道之极　模块一

学习目标

1. 了解礼仪的起源和发展。
2. 掌握礼仪及职业礼仪的定义和功能。
3. 熟悉礼仪的培养途径。

第一讲　礼仪概述：约定俗成即为礼

案例呈现

"中国是礼仪之邦"，这七个汉字早已经被过多地使用而失去了其意义，身处礼仪的国度而无礼者，大有人在。在当今的时代，我们必须重新审视这个"礼"字才能重新树立这块以礼之名所刻下的时代丰碑。

要说礼仪是一种发明，那是不恰当的，它应当是在一种特殊的环境中闪耀着人性光辉的公共意识。在人不可以无礼的时代里，夜不闭户也许成为一种生活常态。只有一个国家中的每个人都注重礼仪，互相以礼待人，每个人都将礼仪放入心中，才可称真正的礼仪之邦。

但当我们的生活被快节奏的世界所压缩，礼仪这样一件似乎低效率的事物便常常被抛弃在一边。也正是从这时起，礼的世界开始遭受挑战，一点点出现了裂纹，当人们怀疑其价值的时候，它就已经开始消失了。繁文缛节的礼仪在当今的世界，的确显得有些力不从心。

我们现在所谈起的礼仪，即便觉得做到了，大多也都是流于形式，比如，中秋节只有月饼，端午节只有粽子，当然有这样的一些形式也好过一些早就被丢在了一边的节日。表面上的礼节暴露出的是内容上的贫乏与苍白，重要的是要找回当初人们纪念这些礼仪的心境，而不是在表层来复制模仿。比如人们心中期盼团圆的一种心境，是怎样美味的月饼也模仿不来的。

但是，追求礼的人们不必因此而失望。尽管许多人都不再珍视它，但是它在每个人的心中都埋下了一颗种子，这种子吸收你善良的心意，分享你真实的喜悦。当它重新发芽的时候，人们也会再次认识到它的意义与魅力。

所有不停前进的人都会有迷茫的时候，就好像一部分人在匆匆行程中，丢失了礼仪。但是当我们重新回到轨道上并审视过去时，你会明白它的光芒，从举手之劳的小小善意到嘉惠众人的莫大善行，以礼之名的旅途永远不会有黑暗。

请问：

1．"礼"是什么？
2．"礼"能为我们带来什么？
3．我们应当如何学习礼仪、发扬礼仪？

中国作为一个文明古国，素有"礼仪之邦"的美称，对礼仪的要求和态度一直是很严肃与谨慎的。古往今来，先贤们对于"礼"的论述不乏经典，从《论语》到《礼记》，无一不在诉说着礼仪对一个人乃至一个国家的重要性。

在孔子的思想体系中，"仁"是道德、政治的最高理想，而"礼"是"仁"的外在体现。具体来说，"礼"既是帮助个体克己以修心的一种外在的道德规范，又是协调人际关系、稳定社会秩序的仪节形式，还是使国家臻于郅治的政治制度。所以孔子说："治国而无礼，譬犹瞽之无相与，伥伥乎其何之？譬如终夜有求于幽室之中，非烛何见？"

荀子说："礼者，人道之极也。"这句话的直观意思就是，礼是生而为人的头等大事。反之，如果不按"礼"办事，社会就会陷入混乱，人将无法生活。因此，荀子把"隆礼"作为自己的理论落点，同时也是其礼仪学说的核心。

礼仪，是中华传统美德宝库中的璀璨明珠，是中国古代文化的精髓。那么，历经千年的演变，现如今的礼仪又对我们的生活和工作产生了哪些影响呢？

一、礼仪的起源

关于礼仪起源的确切时间，目前比较一致的说法是，礼仪起源于原始社会和奴隶社会时期。但是关于礼仪的起源方式，众说纷纭，归纳起来，大体有五种礼仪起源说：一是天神生礼说；二是礼为天地人统一的体现说；三是礼起源于人性说；四是礼为人性和环境矛盾的产物说；五是礼"生于理，起于俗"说。

1. 天神生礼说

这一学说是人们还没有认识到礼仪的真正起源时的一种信仰说教，是神崇拜的反映，代表了图腾崇拜时期的原始人类对原始礼仪的一种认识。《左传》有言："礼以顺天，天之道也。"意思说，礼是用来顺乎天意的，而顺乎天意的礼就合乎"天道"。"天神生礼说"虽然不科学，但却反映了礼仪起源的某些历史现象。

2. 礼为天地人统一的体现说

这种观点是春秋以后兴起的一股思潮。它认为，天地与人既有制约关系和统一性，又具有高于人事的主宰性。这一观点把礼融入人际关系中来讨论，比单纯的"天神生礼说"有了很大进步，但仍没有摆脱原始信仰，所以仍是不科学的。

3. 礼起源于人性说

这一学说是儒家的创见，儒家学派把礼和人性结合起来，认为礼起源于人的天性。孔子以"仁"释礼，一方面把"礼"作为处理人际关系的总则，另一方面把"仁"当作"礼"的心理依据。克己以爱人，就是"仁"；用仁爱之心恰当地处理好人际关系，就是"礼"。

4. 礼为人性和环境矛盾的产物说

这一学说的目的，在于解决人和环境之间的矛盾。孔子"克己复礼"的观点，就是看到了人和环境的矛盾，而解决这种矛盾的方法是什么呢？孔子认为是"克己"，也就是要克制自己。因为人的好恶欲望如果不加以节制，什么坏事都干得出来，于是圣人制礼，教人识礼、学礼，从而节制人的贪欲。

礼仪与职业素养

5．礼"生于理，起于俗"说

这是对礼仪起源更深入的探讨。理，是指事物的道理及其内在的必然性。人们为了正常生存和发展，根据面临的生存条件，制定出合乎人类生存发展必然性和道理的行为规范，就是"礼"。"礼"是理性认识的结果。事物的礼落到实处，使之与世故习俗相关，所以又有了礼起源于俗的说法。荀子说："礼以顺人心为本……顺人心者皆礼也。"从理和俗上阐明了礼的起源。

综上所述，我们可以认为，"礼"先于"仪"，也就是有了"礼"这个道德规范，再用"仪"这种形式去表现。因此，"礼"和"仪"是密不可分的。可以说，礼仪是在部落群居的形成过程中同步产生，并随着社会组成形式和国家制度的变化而变化，随着人类社会生活的发展而逐步完善。

二、礼仪的发展

礼仪的形成和发展，经历了一个从无到有、从低级到高级、从零散到完整的渐进过程。纵观中国漫长的礼仪发展史，大致可以分为礼仪形成阶段、封建礼仪阶段、近代礼仪阶段和当代礼仪阶段四个时期。

1．礼仪形成阶段（约前21世纪—前771年）

这一阶段主要是指夏商周时期。从史料上看，夏代已开始制礼，商代礼仪已渗透到社会生活中的各个方面。周代的礼仪已经达到了系统完备阶段，在这一时期，礼仪的特征已经从单纯的祭祀天地、鬼神、祖先的形式，跨入了全面制约人的行为的领域。在这一阶段中，礼的内容主要体现在《周礼》中的"王礼"部分。所谓"王礼"，就是分别用于祭祀、冠婚、宾客、军旅和丧葬的"吉礼""嘉礼""宾礼""军礼"和"凶礼"。这是对我国古代礼仪的总结汇编。这些礼仪内容，对后世人们的行为规范、人际交往以及社会公德的形成，都产生了极大的影响。

2．封建礼仪阶段（前771—1911年）

这一阶段主要是指从儒学的产生，到以儒学为基础的封建礼仪形成、强化和衰落的时期。这一时期的开始阶段，是以孔子为祖师的儒家学派逐步形成，礼仪则成为儒家学派的核心——"礼教"。在这一时期，礼仪的明显特征，就是把人们的行为纳入封建道德的轨道，把人们教化成"非礼勿视，非礼勿听，非礼勿言，非礼勿动"的循规蹈矩之人。礼教文化是这个时期"礼"的核心和基本内容。

3. 近代礼仪阶段（1911—1948年）

辛亥革命的胜利，结束了统治中国2 000多年的封建专制制度，新的礼仪礼俗也就随之出现。这一时期的礼仪，体现了近代自由、平等的原则，因此，资产阶级的平等思想、文化习俗和审美观点开始渗透到社会生活中的各个方面，冲击了森严的封建意识和等级观念，对当今中国社交礼仪产生了重大影响。

4. 当代礼仪阶段（1949年至今）

中华人民共和国成立后，新型的社会关系和人际关系的确立，标志着我国礼仪进入了一个新的历史时期。这一时期，确立了同志式的合作互助关系和男女平等的新型社会关系，而尊老爱幼、讲究信义、以诚待人、先人后己、礼尚往来等中国传统礼仪中的精华则得到了继承和发扬。

知识链接

古代风俗礼仪常识

1. 传统节日

【春节】农历正月初一，我国传统习俗中最隆重的节日。此节乃一岁之首，又称元日、元正、新春等。民间有贴春联、舞龙灯、发压岁钱、拜亲访友、吃团圆饭等习俗。

【元宵】农历正月十五夜，我国民间传统节日，又称正月半、上元节、灯节。这天要点灯、放灯，所以又称"灯节"。除赏花灯外，吃元宵是重要习俗之一。

【寒食】在冬至后的105天或106天，在清明前一两天，我国民间传统节日。节日里严禁烟火，只能吃寒食。

【清明】春分后15天为清明，我国民间传统节日。其习俗有扫墓、踏青、荡秋千、放风筝、插柳戴花等。

【端午】农历五月初五，我国民间传统节日，又称端阳、重午、重五。一般认为，该节与纪念屈原有关。

【乞巧】农历七月初七，我国民间传统节日，又称少女节或七夕。

【中秋】农历八月十五，我国民间传统节日，又称团圆节，主要习俗有赏月、祭月、观潮、吃月饼等。

【重阳】农历九月初九，我国民间传统节日，有登高望远、赏菊赋诗、喝菊花酒、插茱萸等习俗。

【腊日】农历十二月初八，我国民间传统节日。这是古代岁末祭祀祖先、祭拜众神、庆祝丰收的节日。

【除夕】农历十二月三十日晚，我国民间传统节日。在此夜，家家在打扫一清的屋里，摆上丰盛的菜肴，全家团聚吃"年夜饭"。此夜大家通宵不眠，或喝酒聊天，或猜谜下棋，嬉戏游乐，谓之"守岁"。零点时，众人争相奔出，在庭前拢火燃烧，并在这"岁之元，月之元，时之元"的"三元"之时抢先放出三个"冲天炮"，以求首先发达，大吉大利。

2. 其他礼仪

【坐向】大堂上坐北朝南的位置为尊，内室坐西面东位置为尊。《史记·项羽本纪》中有"项王、项伯东向坐；亚父南向坐"。这里的"南向坐"的位置最尊贵，"东向坐"也是比较尊贵的位置。

【伯（孟）仲叔季】兄弟行辈中长幼排行的次序。伯（孟）是老大，仲是老二，叔是老三，季是老四。

【讳称】古人对"死"有许多讳称，主要有：①天子、太后、公卿王侯之死称薨、崩、百岁、千秋、晏驾、山陵崩等。②父母之死称见背、孤露、弃养等。③佛道徒之死称圆寂、坐化、羽化、仙游、仙逝等。"仙逝"现也用于称被人尊敬的人物的死。④一般人的死称亡故、长眠、长逝、过世、谢世、寿终、殒命、捐生、就木、老、故、逝、终等。

【十二生肖】又称属相。古代术数家拿十二种动物来配十二地支。后以为某人生在某年就肖某物。

【生辰八字】一个人出生的年、月、日、时，各有天干、地支相配，每项两个字，四项八个字。旧时迷信认为根据这八个字，可推算出一个人的命运。

【孝悌】孝，指对父母要孝顺、服从；悌，指对兄长要敬重、顺从。儒家提倡孝悌的目的，是为了维护宗法等级秩序。

【牺牲】古代祭祀用的牲畜，色纯为"牺"，体全为"牲"。

【三牲】古代用于祭祀的牛、羊、猪，后来也称鸡、鱼、猪为三牲；夏、商、周三代所用牺牲的总称。

【封禅】古代帝王祭天地的最隆重礼节，多由帝王亲自到泰山主持。在泰山顶上祭天为"封"，在泰山脚下祭地曰"禅"。

【家祭】古人在家庙内祭祀祖先或家族守护神的礼仪。

【朝仪】古代帝王临朝的典礼。按规定，天子面向南方；三公面向北方，以站在东方为上；卿大夫面向西，以北为上；王族在路门右侧，面向南，以东为上；大仆及大仆的属官在路门左侧，面向西，以西为上。

【朝聘】古代宾礼之一，为诸侯定期朝见天子的礼制。

【朝觐】古代宾礼之一，附属国向中央政权朝贡和拜谒；臣子对皇上的参见。

【揖让】古代宾主相见的礼节。揖让之礼按尊卑分为三种，称为三揖：一为土揖；二为时揖；三为天揖。揖，旧时拱手行礼。

【长揖】这是古时不分尊卑的相见礼，拱手高举，自上而下。

【拱】古代的一种相见礼，即两手在胸前相合表示敬意。

【顿首】古时一种拜礼，为"九拜"之一，俗称叩头。行礼时，头碰地即起，因其头接触地面时间短暂，故称顿首。

【稽首】古时一种拜礼，为"九拜"之一。行礼时，施礼者屈膝跪地，左手按右手，拱手于地，头也缓缓至于地。头至地须停留一段时间，手在膝前，头在手后。这是九拜中最隆重的拜礼。

【肃拜】古代女子跪拜礼的一种。行礼时，双膝着地，两手先到地，然后拱手，同时头低下去，到手为止，所以又称"手拜"。

【空首】古代男子跪拜礼的一种。行礼时，双膝着地，两手合拢，低头到手，头与心齐平而不着地，所以又称"拜手"。

【九拜】我国古代特有的向对方表示崇高敬意的跪拜礼。

【跪】两膝着地，挺直身子，臀不沾脚跟，以示庄重。

【坐】古代席地而坐，坐时两膝着地，臀部贴于脚跟。为了表示对人尊重，坐法颇有讲究："虚坐尽后，食坐尽前"。尽后是尽量让身体坐后一点，以表谦恭；尽前是尽量把身体往前挪，以免饮食污染坐席而对人不敬。

【座次】古时官场座次尊卑有别,十分严格。官高为尊居上位,官低为卑处下位。

【祖道】古代为出行者祭祀路神和设宴送行的礼仪。

【斋戒】古代祭祀或做其他重大事情前沐浴、更衣、独居,戒其嗜饮,以示心地诚敬,这些活动叫"斋戒"。

【尚右】古代左、右所表示的地位尊卑不同。周、秦、汉代以右为上。"左迁"表示降职。如白居易《琵琶行》"元和十年,予左迁九江郡司马"。

【虚左】古代座次以左为尊,空着左边的位置以待宾客称"虚左"。

【再拜】先后拜两次,表示礼节隆重。

【膜拜】古代的拜礼。行礼时,两手放在额上,长时间下跪叩头。

【折腰】即拜揖。鞠躬下拜,表示屈辱之意。

【六礼】中国古代婚姻的六种手续和礼仪,即纳彩、问名、纳吉、纳征、请期、亲迎。

【秦晋之好】春秋时,秦、晋两国国君几代都互相通婚,后称两姓联姻为"秦晋之好"。

【以文会友】古代文人交往、交友的礼俗。文人相交轻财物而重情谊、才学,故多以诗文相赠答,扬才露己,以表心态。唱酬是通行的方式,即以诗词相酬答。

中国古代文化常识——礼仪习俗

1. 年龄称谓

襁褓:婴儿 孩提:2～3岁的儿童

总角:幼年儿童 豆蔻年华:13岁女子

及笄:15岁女子 冠、加冠、弱冠:20岁男子

而立:30岁 不惑:40岁

知命、知天命、半百、知非:50岁 花甲、平头甲子:60岁

耆:60岁 古稀:70岁

耋:70～80岁 耄:80～90岁

期颐:100岁

2．避讳

封建社会对君主和尊长的名字，避免直接说出和写出，用改字、缺笔、空字或同义词等方法加以回避。

3．谦辞和敬辞

窃：私下、私自，如"窃以为"。

敢：冒犯、冒昧地，如"敢问"。

蒙：承蒙。

请：请允许我、请让我。

枉驾：有劳大驾。

惠赐：指对方给了好处。

4．科举

乡试：被录取者称为"举人"，第一名称为"解元"。

会试：被录取者称为"贡生"，第一名称为"会元"。

殿试：被录取者称为"进士"，第一名称为"状元"，第二名称为"榜眼"，第三名称为"探花"。

三、礼仪和职业礼仪

1. 礼仪

礼仪，是人们在社交活动中要遵循的一种约定俗成的行为规范，是社交活动中对人的仪容仪表和言谈举止的普遍要求。它是人们在社会交往中由于受历史传统、风俗习惯、宗教信仰、时代潮流等因素而形成的，既为人们所认同，又为人们所遵守，是以建立和谐关系为目的的各种符合交往要求的行为准则和规范的总和。

所谓"礼"，本意为敬神，后引申为表示敬意的通称，也特指一种道德规范。在《中国礼仪大辞典》中，把"礼"定义为特定的民族、人群或国家基于客观历史传统而形成的价值观念、道德规范以及与之相适应的典章制度和行为方式。"礼"的基本要求，就是以尊敬自己、尊敬他人，来协调人际交往与人际关系。所谓"仪"，则指的是"礼"的具体表现形式，即具有可操作性质的"礼"的规范化做法。简而言之，礼仪是一系列律己、敬人的规范化的具体表现形式。

礼仪与职业素养

进入现代社会，"礼"则有了更多的内涵和延展意义。从个人修养的角度来看，礼仪可以说是一个人内在修养和素质的外在表现；从交际的角度来看，礼仪可以说是人际交往中适用的一种艺术、一种交际方式或方法，是人际交往中约定俗成的示人以尊重、友好的习惯做法；从传播的角度来看，礼仪可以说是在人际交往中进行相互沟通的技巧。因此，对个人来说，个人礼仪是文明行为的道德规范与标准，就国家而论，个人礼仪乃属一种社会文化，它是构成社会精神文明的基本要素，也是一个国家文化与传统的象征，更是一国治国教民的经典。

2．职业礼仪

随着社会的不断发展，人们对自己的礼仪形象越来越重视，职业礼仪的重要性日益凸显，它除了可以体现个人的综合素质和修养，在全球化商务竞争中，也将成为企业形象的一部分，因此日益受到各方重视。

职业礼仪，是指人们在职业场所中应当遵循的一系列礼仪规范。学会这些礼仪规范，将使一个人的职业形象大为提高。职业形象包括内在的和外在的两种主要因素，而每一个职场人都需要树立塑造并维护自我职业形象的意识。对公司而言，礼仪是企业文化的重要组成部分，能体现整个公司的人文面貌；对客户而言，可享受更上层的服务，提升对整个商务过程满意度和良好感受；对个人而言，良好的礼仪能够树立个人形象，体现专业性。

职业礼仪的基本点非常简单。首先，要弄清职业礼仪与社交礼仪的本质区别，职业礼仪没有性别之分。比如，为女性开门这样的"绅士风度"在工作场合是不必要的，这样做甚至有可能冒犯了对方。请记住：工作场所，男女平等。其次，将体谅和尊重别人当作自己的指导原则。尽管这是显而易见的，但在工作场所却常常被忽视。进行介绍的正确做法是将级别低的人介绍给级别高的人。例如，如果你的首席执行官是琼斯女士，而你要将一位叫作简·史密斯的行政助理介绍给她，正确的方法是"琼斯女士，我想介绍您认识简·史密斯"。如果你在进行介绍时忘记了别人的名字，不要惊慌失措。你可以这样继续进行介绍，"对不起，我一下想不起您的名字了。"与进行弥补性的介绍相比，不进行介绍是更大的失礼。

成功的职业生涯并不意味着你要才华横溢，更重要的是在工作中你要有一定的职场技巧，用一种恰当合理的方式与人沟通和交流，这样你才能在职场中赢得别人的尊重，才能在职场中获胜。因此，了解、掌握并恰当地应用职场礼仪有助于完善和维护职场人的职业形象，会使我们在工作中游刃有余，成为一个成功的职业人。

职场中的这些禁忌，你知道吗？

1. 直呼领导名字

工作场合，请勿直呼上级领导中文或英文名字，除非领导自己说"别拘束，你可以直接称呼我的名字"，否则下属应该以"尊称"称呼领导，例如："郭副总""李董事长"等。

2. 以"高分贝"讲私人电话

在公司讲私人电话已经是不合时宜，如果还肆无忌惮高声讲话，不仅影响同事工作，也会令领导和同事反感。

3. 开会不关手机

开会关机或转为震动是基本的职场礼仪。当台上有人做报告或安排事情，底下手机铃声响起，会议必定会受到干扰，不但对台上的人，对其他参会的人也是一种不尊重。

4. 让领导提重物

跟随领导外出时，提物等事宜要尽量代劳，除非领导主动，否则让领导跟你一起提重物，是很不礼貌的。

5. 称呼自己为"某先生/某小姐"

打电话找某人的时候，留言时千万别说："请告诉他，我是某先生/某小姐。"正确说法应该先讲自己的姓名，再留下职务，比如："您好，敝姓王，是××公司的营销主任，请某某听到留言，回我电话好吗？我的电话号码是×××××××，谢谢您的转达。"

6. 对"自己人"才注意礼貌

很多人往往"对自己人才有礼貌"，比如一群人走进大楼，有人只帮自己的朋友开门，却不管后面的人还要进去，就把门关上，这是相当不礼貌的。

7. 迟到早退或太早到

不管上班或开会,请不要迟到、早退。若有事影响迟到或早退,一定要提前一天或更早就提出,不能临时才说。此外,开会时太早到也是不礼貌的,因为组织者可能还没准备好,或还有别的宾客,此举会造成对方的困扰。万不得已太早到,不妨先打个电话给组织者,问是否能提前到会议室。如果不宜提前到会议室,你可以先在外面做着其他事情,等时间到了再进去。

8. 谈完事情不送客

职场中送客到公司门口是最基本的礼貌。若很熟的朋友知道你忙,也要起身送到办公室门口,或者请秘书或同事帮忙送客,一般客人则要送到电梯口,帮他按电梯,目送客人进了电梯,门完全关上,再转身离开。若是重要客人,更应该帮忙叫出租车,帮客人开车门,待客人上车后帮其关好车门,目送对方离开再走。

9. 看高不看低

只跟老板等"居高位者"打招呼,会显得自己太过现实。别忘了也要跟老板身边的秘书或年轻职员打招呼。

10. 选择中等价位餐点

别人请客,专挑贵的餐点是非常失礼的。价位最好在别人选择的餐饮价位上下。若别人请你先选,选择中等价位即可,千万不能有"占便宜"心理。

11. 不喝别人倒的水

别人倒水给你喝,一滴不沾可是不礼貌的举动。哪怕自己不渴或不喜欢喝此种饮品,也要举杯轻啜一口后再放下。若是别人亲自泡的茶或煮的咖啡,千万别忘了赞美两句。

12. 想穿什么就穿什么

"随性而为"的穿着或许让你看起来青春且有个性,不过,上班就要有上班的样子,穿着职业服饰,有助于提升工作形象,也是对工作的基本尊重。

第二讲 礼仪功能:人际交往的 PASS 卡

任何社会的交际活动都离不开礼仪,而且人类越是进步,社会生活越是社会化，人们也就越需要礼仪来调节社会生活。《论语》有云："不学礼，无以立。"什么是"礼"？从表面看，礼是礼貌、礼仪；往深入看，礼就是理，是做人处事法则、基本规矩。什么是"立"？即个人立身正、处事周全；即民族素质高、文化强、精神足，即国家经济劲、创新足、国力强大为世人尊敬。"不学礼，无以立"强调了"礼"之于"立"的必要性和重要性。

中华人民共和国成立之后，尤其是改革开放以来，随着国际交往日益频繁和深入，在传统礼仪的基础上，我国又吸取了世界上一些先进的文明礼仪，借鉴国际上一些通行的礼仪规则和惯例，丰富了我国当代礼仪部分。"世事洞明皆学问，人情练达即文章。"现代社会文明程度的提高，自然促进了个人人文素质的提高，高素质的人对礼仪文化也就更重视。因此，在当今社会学习现代社交礼仪具有深远的意义。知书达礼，待人以礼，应当是人们的一个基本素养。良好的礼仪修养对我们有着重要的作用，它可以让我们在各种社交场合充满自信。

一、礼仪是个人形象的注脚

有位哲人说过，礼仪是一个人心灵程度的反映。在为人处世这项大学问中，礼仪举止是否得体往往决定了一个人在其他人心目中的形象。因此，礼仪是个人素质的综合体现。得体的衣着，文雅的举止，恰当的问候，彬彬有礼的行为所体现的不仅是个人很有礼貌的简单层次，而且体现出个人才能、自信心、热情、对生活的热爱等积极的心态，这是一个不断内化的过程。

1. 学习礼仪文化有利于提升个人思想道德素质

目前，社会上存在着这样的现象：人们学的是高层次的道德规范，实际行为却达不到基础道德的水平。这是与礼仪教育的缺乏分不开的。因为，礼仪是一种社会规范，是调整社会成员在社会中相互关系的行为准则。社会规范主要包括法律规范和非法律规范两大类别。礼仪是一种非法律规范，它主要包括道德规范、宗教规范、习俗、共同生活准则等。其中，道德规范具有特殊的地位和作用。因为，它是从社会生活中概括提炼出来的一种自觉的社会意识形态，它是依靠社会舆论、传统习惯和个人的内心信念来维持的。社会礼仪反映了人们在共同生活、彼此交往中最一般的道德关系，是保证交往活动顺利进行和社会生活正常秩序的重要因素。社交礼仪是一门具有较强的实践性和实用性的学科。系统的礼仪教育

可以丰富人们的礼仪知识，让人们明确地掌握符合社会主义道德要求的礼仪规范，并指导其在实际生活中如何按照社交礼仪规范来约束自己行为，真正做到"诚于中而行于外，慧于心而秀于言"，把内在的道德品质和外在的礼仪形式有机地统一起来，成为名副其实的有较高道德素质的现代文明人。

2. 学习礼仪文化有利于提升个人的人文素养

文化素质教育主要是指通过人文学科的教育去塑造和培养人们的内在品格和修养，也就是塑造人们具有高尚的精神境界和高品位的文化境界。人文教育有明显的教化功能，作用于人的情感状态，影响和改变人的价值观、人生观、个性等，最终目标是教会人们学会与他人相处，学会做文明人。现在人文素质教育一般渗透在文学、艺术、历史文化、哲学、伦理等学科中，而礼仪教育涵盖了中华民族的文化教育和道德教育。可见，礼仪教育更能直接地教会人们如何与别人相处、如何做文明人。

二、礼仪是人际关系的基石

任何社会的交际活动都离不开礼仪，而且人类越进步，生活越社会化，人们也就越需要礼仪来调节社会生活。礼仪是人际交往的前提条件，是交际生活的钥匙。鲁迅先生曾说过："中国欲存争于天下，其首在立人，人立而后凡事举。""立人"的意思便是要完善人的思想和文明修养，人的文明修养并不是与生俱来的，而是靠后天不断完善的。从"不学礼，无以立"也不难看出，离礼仪有多远，离成功就有多远，礼仪更是建立良好人际关系的基石。

实践表明，良好的人际交往有助于增强人们的自信和自尊，降低挫折感，缓解内心的冲突和苦闷，宣泄愤怒、压抑和痛苦，减少孤独、寂寞、空虚等。这些都十分有益于人们的身心健康发展，而且也会最大限度地避免不良情绪的产生，即使产生了不良情绪，也能够得到有效的排遣。

同时，社交礼仪本身就是一种特殊的语言，学习和掌握了社交礼仪的基本知识和规范，就能凭借它顺利地开启各种交际活动的大门，从而建立和谐融洽的人际关系。所以，社交礼仪不仅对个体而言具有极其重要的心理保健功能，也是形成良好的社会心理氛围的主要途径。

三、礼仪是文明进步的标志

礼仪是社会文明进步的一种标志，也是社会文明水平的一种阶梯。因此，在学习礼仪的过程中，每个人逐步完善自己的道德修养、养成良好的礼仪习惯，便有了推进社会公共文明的基础。

古人提出：格物、致知、诚意、正心、修身。作为社会组成的基本个体，人在社会化过程中需要学习的东西很多，可以说，礼仪是整个人生旅途中的必修课。任何一个生活在某一礼仪习俗和规范环境中的人，都自觉或不自觉地受到该礼仪的约束。自觉地接受社会礼仪约束的人，就被人们认为是"成熟的人"，是符合社会要求的人。反之，一个人如果不能遵守社会生活中的礼仪要求，就会被该社会中的人视为"惊世骇俗"的"异端"，就会受到人们的排斥，社会就会以道德和舆论的手段来对他加以约束。

因此，在现阶段，普及和应用礼仪知识，不仅是提升个人修养的需要，更是加强社会主义精神文明建设的需要。通过礼仪学习，可进一步提高人们的礼仪修养，培养人们应对酬答的实际能力，让文明之花盛开在每一个角落。如果人人讲礼仪，我们的社会将充满和谐与温馨。

社交礼仪的根本目标是要教育、引导全体公民自觉遵循社会主义礼貌道德规范以及相应的社交礼仪形式，增强人们的文明意识，养成文明的行为习惯，促使良好社会风尚形成，使人与人之间、人与社会之间达到高度和谐与有序，努力推进整个社会精神文明程度的提高。

第三讲　礼仪养成：内诚于心，外信于人

"少成若天性，习惯如自然。"礼仪的养成对个人的终生发展有着十分重要的意义。从个人的角度来看，个人礼仪如果不以社会主义公德为基础，以个人品格修养、文化素养为基础，而只是在形式上下功夫，势必事与愿违；从社会的角度来看，由校园踏入职场，是一个人"社会化"的重要标志，也是成长过程中具有里程碑意义的事件。此时，职场礼仪的重要意义开始突显，并持续在个人成长过程中发挥作用。

礼仪与职业素养

"言为心声,行为心表。"我们今天所提倡的个人礼仪是一种文明行为标准,其在个人行为方面的具体规定,无一不带有社会主义精神文明高尚而诚挚的特点。讲究个人礼仪是社会成员之间相互尊重、彼此友好的表示,这也是一种德,是一个人的公共道德修养在社会活动中的体现。

一、勿以善小而不为——从小事做起,循序渐进

"勿以恶小而为之,勿以善小而不为。"良好礼仪行为的最大特点是自觉性和习惯性,而培养人的良好习惯的载体是日常生活。因此,要紧紧抓住这个载体,有意识地培养自己的良好习惯,久而久之,习惯就会成为一种自然,即自觉的行为。

中国古代最具影响力的思想家之一孟子,在道德修养方法和培养高尚道德感情方面有很深刻的论述,引申到礼仪养成中,同样适用。他认为,修身养性,培养浩然之气,并非深奥玄妙之事,而是要从身边事做起,从小事做起,把内心德行修炼与现实生活紧密结合起来,避免不切实际的高谈阔论。

当前,我国正在努力建设社会主义精神文明,发展社会主义特色市场经济。人们的思想道德观念、礼仪行为习惯都在发生着巨大的变化,也面临着新的形势和新的问题。作为新时代的中职生,正处在培养良好礼仪行为习惯和练就职业技能本领的大好时期,只有在平凡的日常学习生活中,从点滴小事做起,通过长期积累,才能逐步形成优秀的道德品质和礼仪修养。因此,在礼仪修养学习中,要严格要求自己,不断提升自己的礼仪修养水平,并向更高的水准迈进。

二、吾日三省吾身——内省和慎独

曾子有云,"吾日三省吾身",说的其实就是"内省"。所谓"内省",就是内心自我检讨,使自己的言行合于礼仪的要求,树立正确的道德观念。"内省"包括三个方面:一要严于解剖自己,善于认识自己,客观地看待自己,勇于正视自己的缺点;二要敢于自我批评、自我检讨;三要有决心改进自己的缺点,扬长避短,在实践中不断完善自身的行为。因此,一个人只有在内心严于解剖自己,行为上善于反省自己,才能成为一个符合时代精神的有高尚礼仪修养的人。

"慎独"是指在没有外界监督的情况下,能严格规范自身行为,自觉遵守道

德规范，不做对国家、对社会、对他人不利的事情。可以说，它是我国伦理思想史上一个特有的范畴，既是一种道德修养方法，又是在修养中达到的一种崇高境界。《礼记·中庸》中写道："道也者，不可须臾离也；可离，非道也。是故君子戒慎乎其所不睹，恐惧乎其所不闻。莫见乎隐，莫显乎微。故君子慎其独也。"其大意是，一个有道德的人，要做到在别人没看见的时候，能够谨慎行事，在别人不能听到的时候，能够警惕，不要以为错误隐蔽、过失微小，就可以去做。因此，在为人处世时，同样要谨慎行事，防微杜渐，自知自爱，把握住自己。作为中职生，要激励和鞭策自己，加强礼仪修养，自觉做到"慎独"，而能否做到"慎独"，以及"慎独"所能达到的程度，是衡量大家是否坚持自我修养以及在修养中取得成绩大小的重要标尺。

礼仪是无处不在的，随着社会交往的日益扩大，真诚、文明、富有魅力的交往礼仪已成为扩大交流、增进友谊、加强合作、促进发展的重要手段。"人无礼则不立，事无礼则不成，国无礼则不宁。"礼仪的习得具有重大的现实意义，学习礼仪是国际化交往和竞争的需要，讲究礼仪是弘扬我国礼仪传统的需要，实践礼仪是构建和谐社会的需要，落实礼仪是个人事业成功的需要。"诚于中，形于外"，礼仪的关键不在于学到了多少社交技能，而在于你自身的品质能否赢得他人的尊重。因为一个人只有内心具备了高尚的道德情操，才能有风流儒雅的风度；只有有道德、有修养、有文化、有学识，才能"知书达礼"，才能严于律己，宽以待人；只有自觉按社会公德行事，才能懂得尊重别人就是尊重自己；只有懂得遵守并维护社会公德，才能为自己创造一个文明知礼、轻松愉快的生活环境，才能真正成为明辨礼与非礼之界限的社会主义文明之人。

课后拓展

读古文，习礼仪

请阅读以下文章和资料，写一篇礼仪学习后感。

【原文】

陈亢问于伯鱼曰："子亦有异闻乎？"对曰："未也。尝独立，鲤趋而过庭。曰：

'学《诗》乎？'对曰：'未也。''不学《诗》，无以言。'鲤退而学《诗》。他日，又独立，鲤趋而过庭。曰：'学《礼》乎？'对曰：'未也。''不学《礼》，无以立。'鲤退而学《礼》，闻斯二者。"陈亢退而喜曰："问一得三。闻《诗》，闻《礼》，又闻君子之远其子也。"

——《论语·季氏篇第十六》第十三章

【译文】

陈亢问伯鱼："你在老师那里听到过什么特别的教诲吗？"伯鱼回答说："没有呀。有一次父亲独自站在堂上，我低头快步从庭里走过，他问：'学《诗》了吗？'我回答说：'没有。'他说：'不学《诗》，就不懂得怎么说话。'我回去就学《诗》。又有一天，父亲又独自站在堂上，我低头快步从庭里走过，他问：'学《礼》了吗？'我回答说：'没有。'他说：'不学《礼》，就不懂得怎样立身。'我回去就学《礼》。我就听到过这两件事。"陈亢回去高兴地说："我提一个问题，得到了三方面的收获：一是该学《诗》；二是该学《礼》；三是君子不偏爱自己的孩子。"

【赏析】

这篇短文讲的就是孔子和他儿子孔鲤的故事，文中的"伯鱼"就是孔子的儿子——孔鲤。

孔鲤（前532—前483年），子姓，孔氏，名鲤，字伯鱼，春秋末期鲁国陬邑（今山东曲阜）人，孔子唯一的儿子。因其出生时鲁昭公赐孔子一尾鲤鱼而得名。孔鲤先孔子而亡，他的一生虽无建树，但他尊礼守纪、胸襟豁达，留下了"孔鲤过庭"的典故，"伯鱼"一词也被后世用作对别人儿子的美称。孔鲤育有一子孔伋，所有正统孔家后代都是孔鲤之子孔伋的后裔。

有一天，孔子站在庭院里，孔鲤"趋而过庭"。什么叫"趋"呢？"趋"就是小步快走，在古时，这是表示恭敬的动作，在上级、在长辈面前你走路要"趋"，低着头，很快地走过去，这叫"趋"。孔鲤看见父亲孔子站在庭院里，于是低着头"趋"。孔子说："站住，学《诗》了吗？""没有。""不学《诗》，何以言（你不学《诗》，怎么会说话）？""是。"于是孔鲤听父亲的话，"退而学《诗》"。又一天，孔子又站在庭院里，孔鲤又"趋而过庭"，孔子说："站住，学《礼》了吗？""还没有。""不学《礼》，何以立（不学《礼》，你怎么做人）？"

"是。"于是孔鲤又"退而学《礼》"。

这也是典故"孔鲤过庭""不闻过庭语"的出处。

注重礼仪是中华民族的传统美德，从古至今，源远流长。无论做什么事情，都要先学会做人。《论语》中说："不学礼，无以立。"意思是说，不学会礼仪礼貌，就难以有立身之处。这是老祖宗留给我们的真实教诲，以礼待人才能以理服人。《孔融让梨》是一个大家再熟悉不过的故事。四岁的孔融之所以使大家敬佩，正是因为他懂得谦让，懂得如何使别人快乐，懂得别人的快乐就是自己最大的幸福。我们要知道，一个文化程度很高但不懂得礼仪的人，是一个对社会毫无用处的人，因为道德常常能填补智慧的缺陷，而智慧却永远也填补不了道德的缺陷。

模块二　职业素养概述：塑心立行

学习目标

1. 掌握职业素养的具体内容及其内涵。
2. 掌握从业素质的内容及提升途径。

第一讲　职业素养：塑造你的职业修养

案例呈现

小王和小李是一个村长大的好朋友，毕业于同一所中职学校，又在同一家公司上班，做同样的工作，但他们对职业素养的认识与训练不同。

小王在学校时就严格按照所学专业的职业道德和规范的要求去做。工作后，他同样严格遵守公司的各项规章制度，身体力行地去践行岗位职业道德规范，工作扎扎实实，业务日益纯熟，业绩连年创优，很快就成为业务骨干，3年后被提升为车间副主任。

小李在学校时就对专业学习中的职业道德行为训练很排斥，认为规矩太多，扼杀了自己的个性，约束了自己的自由。参加工作后，他在工作上总是马马虎虎，大大咧咧，经常出一些小差错，有一次还差点酿成事故，同事们对他意见很大，公司领导多次批评无效，最终只好将他辞退。

请问：

1. 小王和小李在公司的表现不同，结果也很不一样，从材料中可以看出的主要原因是什么？

2. 在校时，小王和小李所接受的道德教育是基本相同的，为什么二人所表现出来的境界和行为却有如此大的不同？

3. 从小王和小李的经历，谈谈职业素养的养成对中职生成长的作用。

古人曾以"成家立业"作为人一生当中的两件大事，而在现代社会，职业的成功与否与是否具有良好的职业素养有着密切的关系。一个人职业素养的高低，直接关系到他一生的成就。能力和专业知识固然对每一个人都很重要，但要在职场中取得成功，最关键的还是在于职业素养。

然而，近年来随着就业竞争日趋激烈，毕业生要想获得更多的就业机会，就需要迅速适应学校环境向职业领域的转变。这种转变的成功与否取决于他们是否具备社会所认可的职业素养。同时需要他们认识到，这种素养绝不是一朝一夕即可获得的。因此，在求学阶段个人职业素养的培养就显得尤为重要。这些素养在意识层面包括秩序意识、合作意识和尊重意识，在能力方面包括实践能力、创新能力等。可以说，职业素养是一个人职业生涯成败的关键因素。

那么，何为职业素养？有的研究者将职业素养定义为：职业素养是指职业内在的规范和要求，是在职业过程中表现出来的综合品质。

很多企业界人士认为，职业素养至少包含两个重要因素：敬业精神及合作的态度。敬业精神就是在工作中要将自己作为公司的一部分，不管做什么工作一定要做到最好，发挥出实力，对于一些细小的错误一定要及时地更正，敬业不仅仅是吃苦耐劳，更重要的是"用心"去做好公司分配的每一份工作。合作的态度是职业素养的核心，好的态度，比如负责的、积极的、自信的、建设性的、欣赏的、乐于助人等，是决定成败的关键因素。

概括说来，职业素养包含职业道德、职业意识和职业技能等方面内容，前两项是职业素养中最根基的部分，而职业技能是支撑职业人生的具象化内容。

一流员工的六大职业素养

① 放下自己，别把自己看得太重。
② 要坐金板凳，先坐冷板凳。
③ 尊敬自己的岗位、成就自己的人生。
④ 成为一位负责任的人。
⑤ 小胜凭智，大胜靠德。
⑥ 在逆境中学习、在逆境中成长。

一、职业道德——人品，大于能力

（一）什么是职业道德

梁启超曾经说过："道德者，行也，而非言也。"从广义上来说，职业道德是与人们的职业活动紧密联系的，符合职业特点所要求的道德准则、道德情操与道德品质的总和，是一般社会道德原则和道德规范的特殊形式和重要补充；从狭义上来说，职业道德是从事一定职业的人在特定的工作和劳动中所应遵循的符合自身职业特点的职业行为规范，是人们通过学习实践养成的优良职业品质，它涉及从业人员与服务对象、职业与职工、职业与职业之间的关系。

例如，做官要有"官德"，行医要有"医德"，经商要有"商德"，从艺要有"艺德"等，这些都是职业道德的具体化。职业道德的基本特点：在范围上，职业道德存在于从事一定职业的人中，是家庭、学校教育影响下所形成的道德观念的进一步发展；在内容上，职业道德具有较大的稳定性和连续性，形成了比较稳定的职业心理和职业习惯；在形式上，职业道德具有具体、多样和较大的适用性。

美国著名杂志《哈佛商业评论》曾经评出了九条职业人士应该遵守的职业道德，分别是：诚实、正直、守信、忠诚、公平、关心他人、尊重他人、追求卓越、承担责任。这九条几乎涵盖了所有受人称赞的良好品格，由此可见，职业道德对于"人品"的要求是极高的,或者说两者几乎能够等同。

(二)职业道德的作用

职业道德是社会道德体系的重要组成部分,它一方面具有社会道德的一般作用,另一方面又具有自身的特殊作用,具体表现在:

1. 职业道德是事业成功的条件

一个从业人员的整体素质中,总有其突出、闪光的部分,而良好的职业道德素质是其中最重要的部分。上海专才管理顾问有限公司曾经做过一项调查,对象是高薪收入且在基本素质方面具有共性的高级人才。结果表明,高薪收入者在基本素质上的优势往往是其成功的基石。这些素质主要是:敬业精神、进取精神、良好的人际关系、合理的知识结构、做人方面的优秀品质(如低调宣传自我、忍耐力强等),这些也是职业道德的核心要素。可以说,具有较高的职业道德,是事业成功的重要条件。

2. 职业道德是增强行业凝聚力的手段

社会是一个整体,各行各业之间有着千丝万缕的联系,一个行业出现问题,势必影响很多行业和产业的发展。举一个简单的例子,中国的牛奶前几年出现了很大的问题,与牛奶相关联的产业都受到了或多或少的影响,这个影响到现在非但没有减小,反而愈演愈烈。所以,各行各业只有提高工作效率、改进服务质量和提高产品质量,建立起彼此协作和谐的关系,社会化大生产的速度才能提高。

3. 职业道德是促进良好社会风尚的途径

职业道德是整个社会道德的主要内容。一方面,职业道德是一个从业人员的生活态度、价值观念的表现,是一个人的道德意识、道德行为发展的成熟阶段,具有较强的稳定性和连续性;另一方面,职业道德也是一个职业集体、甚至一个行业全体人员的行为表现。如果每个行业、每个职业集体都具备优良的道德,那么,对整个社会道德水平的提高肯定会发挥重要作用。另外,从当前的社会情况看,加强职业道德教育是纠正行业不正之风的最有效办法之一。每个人要从自己做起,每个行业从自身做起,以形成各行各业处处讲职业道德、时时追求真善美的良好风尚。

礼仪与职业素养

（三）职业道德的基本规范

结合职业道德的内涵，职业道德的基本规范可以表现在以下五个方面：

1. 在岗爱岗，敬业乐业

一个人的职业有时候可以选择，有时候无法选择，但是每个人都有职业，大到国家元首、一个集团的总裁，小到菜农、擦鞋匠，就其职业本身而言本无区别，也无高低贵贱之分。职业一旦确定，遵守这一职业的职业道德便是敬业的第一要务。作为一种职业情感，热爱本职工作是职业道德的基本要求，同时也是成就个人理想的基本要求。如果一个人连自己的工作都不热爱，那么他就不可能敬业，也不会自觉地去研究本职业务，更不可能乐业。如此一来，他的工作质量和效率也就不能提高。

关于乐业，梁启超先生有一段精辟的论述：

"'做工好苦呀！'这种叹气的声音，无论何人都会常在口边流露出来。但我要问他：'做工苦，难道不做工就不苦吗？'今日大热天气，我在这里喊破喉咙来讲，诸君扯直耳朵来听，有些人看着我们好苦；反过来，倘若我们去赌钱、去吃酒，还不是一样在淘神、费力？难道又不苦？须知苦乐全在主观的心，不在客观的事。人生从出胎的那一秒钟起到咽气的那一秒钟止，除了睡觉以外，总不能把四肢、五官都搁起不用。只要一用，不是淘神，便是费力，劳苦总是免不掉的。会打算盘的人，只有从劳苦中找出快乐来。我想天下第一等苦人，莫过于无业游民，终日闲游浪荡，不知把自己的身子和心子摆在哪里才好，他们的日子真难过。第二等苦人，便是厌恶自己本业的人，这件事分明不能不做，却满肚子里不愿意做。不愿意做逃得了吗？到底不能。结果还是皱着眉头，哭丧着脸去做。这不是专门自己替自己开玩笑吗？"

衡量一个人是否敬业，就是无论把他放在哪一个岗位上，他都能兢兢业业、任劳任怨地发挥自己的聪明才智。正所谓"干一行，爱一行"，这句话在今天这样一个充满竞争的社会里也是依然成立的。一个人素质的提高需要多方面的锻炼，这是一个长期而缓慢的过程，如果对工作缺乏耐心，只想走歪门邪道，就很容易影响你的心情，从而导致心态失衡，怨天尤人。所以，对于渴望成功的人，热爱你的本职工作，精通工作内容，培养一种踏实、勤奋的工作作风，敬业乐业，才是个人理想得以实现的基石。

2. 诚实守信，平等竞争

诚实守信，就是言行一致，遵守诺言。平等竞争是指参与市场活动的人无论其社会地位如何，在市场面前一律平等，即面对同等的条件，享有同等的权利，履行同等的义务，处于同一个竞争起点。随着市场经济的发展，市场竞争也愈趋激烈，无论是从业人员自身，还是他所服务的部门，面对竞争，他们的行为不仅要符合法律，而且要符合职业道德，否则就会出现不正当竞争现象，就会导致市场活动的无序性，造成社会经济活动的混乱。

3. 办事公道，廉洁自律

办事公道、廉洁自律是指从业人员在行使职业职权时要公平公正、公私分明，遵守规章制度，约束好自己的行为。规章制度是在经过科学的论证和不断完善的基础上制定的，因此，有其合理性，作为企业员工，应该自觉遵守公司的各项规章制度。另外，看一个企业是否规范，通常也会看该企业的员工对公司规定的遵守程度。遵守规章制度，起到了维护企业荣誉的意义。

由此可见，这一道德要求就是提倡从业人员要遵守规章制度，秉公办事、不徇私情、克己奉公、不谋私利，自觉维护公众利益，抵制行业歪风，做到"常在河边走，就是不湿鞋"。特别是那些手中有一定权力的从业人员，如果能做到办事公道、廉洁自律，那么不仅能够维护公众利益、企业利益和社会利益，还能够净化社会风气和促进精神文明建设。

4. 顾全大局，团结协作

所谓顾全大局，指的是从业人员在处理各单位、各部门之间的关系以及单位内部、部门内部领导之间与服务对象之间的关系时，要树立集体主义观念、全局观念，切忌只顾本单位、本部门、本地区小集体的利益而损害其他单位、部门和地区的正当利益，甚至损害国家和人民的利益。团结协作是指从业人员之间以及单位之间，在共同利益和共同目标下的相互支持、相互帮助的活动。顾全大局，团结协作是处理单位内部、单位与单位之间关系的准则。企业经营不是个人行为，只有大家拧成一股绳，才能事半功倍。因此，能不能以大局为重，发挥团队精神，搞好团结协作，对于促进企业、事业发展，社会繁荣和实现个人利益，都有着重大的影响。

5. 学习先进，完善自我

在工作中，要积极学习先进人物的优秀品质，不断激励和完善自己。首先，要培养自己的良好习惯，文明礼貌待客、热情周到服务等。凡是在顾客那里有口碑的企业和个人都是文明服务的典范，文明待客、周到服务既是顾客服务的基本要求，也是服务的最高境界。文明服务让顾客感受到了企业的真诚，企业也会因此赢得顾客的忠诚。文明服务具体表现为：使用规范的服务用语，避免使用服务禁语；想顾客之所想，急顾客之所急；微笑服务；注意服务礼仪等。其次，要不断同旧思想、旧意识及社会上的不良现象做斗争。努力学习现代科学文化知识和专业技能，提高文化素养，经常进行自我反思，增强自律性。

总之，职业道德行为养成对个人的职业生涯至关重要。在学习和生活中，要注重行为规范训练，养成良好的行为习惯；要加强职业道德修养，提高职业道德素质；要坚持参加各种实践，在实践中培养良好的职业道德行为，形成高尚的职业道德。

知识链接

职场中的"白金法则"

所谓"白金法则"，是指"别人希望让你如何对待他，你就如何对待他"，即在人际交往中要取得成功，就一定要做到交往对象需要什么，我们就要在合法的条件下满足对方什么。其本质是以顾客为中心，满足消费需求，为顾客创造价值，使顾客价值最大化、顾客成本最小化。

"白金法则"有三个要点：

① 行为合法，不能要什么给什么，做人、做事都需要底线。

② 交往应以对方为中心，对方需要什么，我们就尽量满足对方什么。

③ 对方的需要是基本的标准，而不是说我们想干什么就干什么。

那么，在职场中我们该如何运用这"白金法则"呢？

第一，要做到尊重他人。每个人都有自尊心，自尊是一种由自我所引起的自爱与自信，并期望受到他人或社会肯定的情感。在工作中，我们应当尊重每个人的人格，就像我们自己希望受到别人尊重一样。

第二，要做到真诚待人。或许你不是最聪明，也不是最机灵的，但只要能够诚心地做事、诚心地待人，尽管可能在言行中表现出愚直，时间长了会赢得大多数人的信赖和尊重。

第三，要做到公正待人。待人接物要做到公平公正、不偏不倚。这样别人也会用同样态度对你，才不会造成恶性竞争下两败俱伤的局面。

具体来说，与同事相处中的工作是一种相互协作的过程，在完成一项工作时，当他人需要协助的时候，我们应该义不容辞地尽自己所能去满足对方的需求，以尽快、更好地完成领导布置的任务；在与客户交往的过程中，我们要从客户的需求出发来满足客户的一切要求，这才是留住客户的长远之计。

事实上，平等永远是相对的，当你为别人服务时首先就要有求必应，不厌其烦。其次就是端正态度，说实话我们每个人都会有一点态度问题，有什么样的心态就什么样的生活和工作，简言之，心态决定一切。一个人懂得善待自己、善待他人，他的工作与生活才有质量，他才能得到别人的尊重。

二、职业意识——知礼而后行

良好的职业素养是个人职业成功的基础，更是其通向理想彼岸的通行证。一个人能否顺利适应职场并取得成就，在很大程度上取决于个人的职业素养。作为刚刚跨出校园、进入职场的新人，要想使自己尽快从一名在校生转变为一名职业人，除了提高自身职业道德以外，职业意识的提升也是一门"必修课"。

（一）什么是职业意识

职业意识，是指从业人员在特定的社会条件和职业环境影响下，在教育培养和职业岗位任职实践中形成的某种与所从事的职业有关的思想和观念。它包括个体对职业目标与职业活动的认识及实现职业目标方式与途径的思考。职业意识直接关系到个体自我认知、职业认知，以及个人职业取向。它还反映出一个人对于职业的根本看法和态度，是职业认知与职业行为的统合，包括职业认知、职业情感、职业意志和职业行为，可集中地表现为一种爱岗敬业的精神。因此，职业意识是个体职业生涯发展的核心与关键，对于个体职业选择、职业发展、职业满意

度具有地基般的影响。

（二）转变职业意识的意义

在职业素养的提升中，职业意识的转变起着决定性的作用，因为人的行为是由意识来控制的，只有意识有了根本性的变化，行为才能发生根本变化。所以，要想真正具备职业人的素质，转变职业意识是第一位的。而转变职业意识的意义主要体现在以下三个方面：

1．提升职业素质

知识经济时代，知识的创新和高素质的创新人才，对于社会的进步和经济的发展起着重要作用。树立正确的职业意识是提高劳动者素质的基础。因此，培养良好的职业意识，把自己造就为高素质的劳动者，必然有利于自己的职业发展。

2．导航个人职业生涯

在人的一生中，职业生涯是最能体现人的创造性以及人自身价值的存在。职业的发展是人的生涯发展中重要的组成部分。职业意识具有调节和向导作用，是影响个人职业发展的主要因素之一。正确的职业认知，积极的职业情感，坚强的职业意志，良好的职业行为，必将对人的职业生涯发展起到导航作用。

3．促进人生价值的实现

职业是实现人生价值的舞台，而人生价值主要通过职业活动来体现。良好的职业态度，使从业人员展示出高昂的创造热情和无限的活力，从而促进其人生价值的实现。

因此，要想尽快地成为一名职业人，在提升职业形象和形成职业道德的前提下，还必须挖掘并明确个人的职业意识。

（三）职业意识培养

人的职业道德、职业技能都不是与生俱来的，而是在长期的社会实践中逐步形成和发展的。可以说，实践是人们养成道德品质的源泉，也是从事某种职业的目的和归宿，职业意识的发掘同样如此。

1．在专业学习中启蒙

专业理论知识与专业技能的学习是形成职业意识和职业道德行为的前提和基

础。职业意识的启蒙，离不开知识的学习和技能的提高，这是一个潜移默化的过程。因此，职业意识逐渐觉醒，职业规范逐步习得，是未来干好职业、实现人生价值的重要前提。

2. 在社会实践中体验

"人的正确思想，只能从社会实践中来。"丰富的社会实践是指导人们发展、成才的基础，是实现知行统一的主要场所。职业意识的养成离不开社会实践，社会实践是职业道德行为养成的根本途径。

3. 在职业活动中强化

职业活动是检验一个人职业意识是否成形的试金石。在职业活动中，将职业意识内化为信念，外化为行为，只有这样才能保证职业意识的坚定性和永久性，并指导自己的职业活动实践。

三、职业技能——学历不等于能力

职业技能也可称为职业能力，是人们从事某种职业的多种能力的综合。

（一）职业能力的基本要素

通常来说，职业能力主要包含任职资格、职业素质和职业生涯管理能力三方面基本要素。

1. 任职资格

个人为了胜任某一种具体职业而必须具备的能力，即表现为任职资格。

2. 职业素质

在步入职场之后，个人所表现出来的综合素养，即职业素质。

3. 职业生涯管理能力

个人在开始职业生涯之后，对自己所从事的职业应当具备的规划和管理能力。例如，一名教师只具有语言表达能力是远远不够的，还必须具有对教学的组织和管理能力，对教材的理解和使用能力，对教学问题和教学效果的分析、判断能力，以及对学生进行有效教育的能力等。以上这些能力相结合，融会贯通，才是一名教师的职业能力。

如果说职业兴趣或许能决定一个人的择业方向，以及在该方面所乐于付出努

力的程度，那么职业能力则能说明一个人在既定的职业方面是否能够胜任，也能说明一个人在该职业中取得成功的可能性。

（二）职业能力的构成

由于职业能力是多种能力的综合，因此，我们可以把职业能力分为一般职业能力、专业能力和职业综合能力。

1．一般职业能力

一般职业能力主要是指一般的学习能力、文字和语言运用能力、数学运用能力、空间判断能力、形体知觉能力、颜色分辨能力、手的灵巧度、手眼协调能力等。此外，任何职业岗位的工作都需要与人打交道，因此，人际交往能力、团队协作能力、对环境的适应能力，以及遇到挫折时良好的心理承受能力都是我们在职业活动中不可缺少的能力。

2．专业能力

专业能力主要是指从事某一特定职业的能力。在求职过程中，招聘方最关注的就是求职人员是否具备胜任岗位工作的专业能力，此项能力最直观的鉴定方法就是看求职人员是否具备相应的职业资格证书。例如，求职人员去应聘教学工作岗位，对方最看重求职人员是否具备最基本的教学能力。

3．职业综合能力

职业综合能力有很多种，这里主要介绍国际上普遍注重培养的"关键能力"，其主要包括以下四个方面：

（1）跨职业的专业能力

从以下三方面可以体现出一个人跨职业的专业能力：一是运用数学和测量方法的能力；二是计算机应用能力；三是运用外语解决技术问题和进行交流的能力。

（2）方法能力

一是信息收集和筛选能力；二是掌握制订工作计划、独立决策和实施的能力；三是具备准确的自我评价能力和对于他人评价的承受力，并能够从成败经历中有效吸取经验教训的能力。

（3）社会能力

社会能力主要是指一个人的团队协作能力、人际交往和沟通的能力。在工作中能够协同他人共同完成工作，对他人公正宽容，具有准确裁定事物的判断力和自律能力等，这是胜任岗位和在工作中开拓进取的重要条件。

（4）个人能力

随着中国经济体制改革的深入、法制的不断健全完善，人的社会责任心和诚信将越来越被重视，假冒伪劣将越来越无藏身之地，一个人的职业道德会越来越受到全社会的尊重和赞赏，爱岗敬业、工作负责、注重细节的职业人格会得到全社会的肯定和推崇。

（三）职业能力的影响与作用

1. 一定的职业能力是胜任某种职业岗位的必要条件

任何一个职业岗位都有相应的岗位职责要求，因此，求职人员在进行择业时，首先要明确自己的能力优势以及胜任某种工作的可能性。在条件允许的情况下，可以请专业职业指导人员帮助分析，根据求职人员的学历状况、职业资格、职业实践等来确定求职人员的职业能力，必要时可以通过心理测试作为参考，在基本确定求职人员的职业能力和发展可能性的基础上帮助求职人员进行职业选择。

2. 职业实践和教育培训是职业能力发展的前提

（1）职业实践促进职业能力的发展

职业能力是在实践的基础上得到发展和提高的，一个人长期从事某一专业劳动，能促使人的能力向高度专业化发展。例如，计算机文字录入人员，随着工作的熟练和经验的积累，录入的速度会越来越快，准确性也会越来越高。个体的职业能力只有在实际工作中才能不断得到发展、提高和强化。

（2）教育培训促进教育能力的提高

个体职业能力的提高除了在实践中磨炼外，最有效的途径就是接受教育和培训。如我们所熟悉的职业教育、专科教育、大学本科教育、研究生教育等，学生掌握一定的专业知识和技能，对以后更好地胜任本职工作会有极大的帮助。

（3）职业能力、职业发展与职业创造的关系

职业能力是人的发展和创造的基础。前面讲到能力是成功地完成某种任务或

胜任某项工作的必不可少的基本因素，能力低下或没有能力，就难以达到工作岗位的要求，不能胜任。个体的职业能力越强，各种能力越是综合发展，就越能促进人在职业活动中的创造和发展，就越能取得较好的工作绩效和业绩，越能给个人带来职业成就感。

工作中需要知识，但更需要智慧，而最终起到关键作用的就是职业素养。缺少这些关键的素养，一个人将一生庸庸碌碌，与成功无缘。拥有这些素养，会少走很多弯路，以最快的速度通向成功。

知识链接

盘点职场上最受欢迎的四种人

某网络平台上有一个热门的话题：职场上什么样的人最受欢迎？答案五花八门，大家从性格、行为和态度几个方面进行了分析，有人喜欢智多星，有人喜欢有责任心的，有人喜欢沟通成本低的……

虽然没有统一的标准，但那些受欢迎的人大多都有一个特点，就是既能照亮自己，也能照亮别人。

1. 执行力强的人

没有行动力，一切都是空谈，在职场上也一样。同样的工作内容，有的人很快就能高质量地完成，不拖团队后腿；有的人可能加班加点都做不好，连累项目进度。一个人能否得到器重、能否受到同事的欢迎，执行力是关键，行动力强的人往往比拖延的人更受青睐。

2. 情绪稳定的人

职场上有这么一类人，他们爱抱怨，一点小事就会唉声叹气，即使有人鼓励安慰他们，也依然整天充满负能量，且会把负面情绪传染给身边人。这样的人，在职场上最不受欢迎。

与之相反的，有这么一类人，他们情绪稳定，很少抱怨，即使心情低落，也很快就能恢复到信心满满的状态。他们很少会传递负能量，反而是持续地向外界传递积极的情绪体验,让人感觉和他们相处是件愉快的事情。这样的人,在职场上非常受欢迎。

3. 勇于担责的人

工作中,常会遇到凡事习惯性推诿责任的人,"不关我的事"是他们的口头禅,面对问题时,第一时间不是想着怎么解决问题,而是逃避责任、为自己开脱。这不仅会给身边的人带来麻烦,也不利于营造良好的工作氛围,还会让自己的人格魅力大大减分。

金无足赤,人无完人。职场上非常受欢迎的人其实并不一定是从不犯错的人,而是能够正视错误并加以改正的人。在职场上,勇于承担责任,想尽办法减少损失,用自身的行动来证明自己的可靠,才能赢得更多的信赖和尊重。

4. 闭环思维的人

职场上受欢迎的还有这么一类人,那就是拥有闭环思维的人,也就是我们常说的"凡事有交代,件件有着落,事事有回音"的人。

(1)事前反馈。他人委托办事时,他们一定会认真倾听,遇到不清楚的地方也会及时问清,行动之前还会将任务简要复述一遍,让对方确认是否有误会或漏点,以便及时改正和补充。

(2)事中反馈。如果任务执行的周期较长,他们中途也会有反馈,比如遇到了什么问题、项目进行到什么程度等,而绝不会出现接到任务就悄无声息,甚至都不回复消息的情况。

(3)事毕反馈。任务执行完成后,他们会及时汇报。这既是对委托人的负责,也是对自己的负责,给他人留下做事认真、靠谱的印象。

招　　聘

- 招聘岗位:工程部经理1人
- 任职条件:男,45周岁以下,大学本科及以上学历,建筑工程专业高级职

称，具备 10 年以上建筑施工企业工作经验，熟悉工程管理的各个环节，有独立支持并完成地产工程项目的经历，具备较强的协调能力及综合管理能力。

这是某建筑公司的一则招聘广告，这则招聘广告说明了什么？

首先，用人单位已不再将计算机操作、机动车驾驶等看作是专业技能，而是作为就业最基本的条件，此处不再一一列出；其次，用人单位录用员工不仅看重学历，而且更注重经验和综合能力；最后，用人单位除了要学历证书，还要与职业相关的资格证书。

除此以外，企业招聘还会有哪些条件呢？请你结合个人对所学专业和所处行业的了解，试着撰写一份《招聘启事》。

第二讲　从业素质：提升你的职业形象

一、良好的思想品德

思想品德是一个多要素的综合系统，是指人们在一定思想的指导下，在品德行为中表现出来的较为稳定的心理特点、思想倾向和行为习惯的总和。它与一定的经济活动、政治活动、道德风尚及风俗习惯相联系，受到社会发展水平的制约。思想品德是意识行为方面的，也是政治道德方面的。思想品德教育的实质是将一定社会的思想道德转化为受教育者个体的思想道德。作为社会公民，无论是大中小学生，还是各行各业的从业人员，都要具备良好的思想品德。

1. 热爱社会主义祖国

热爱社会主义祖国是作为一名合格的从业人员所必须具备的首要条件。热爱祖国反映了公民与祖国之间的关系，也是中华民族的光荣传统和崇高品德，但在不同的历史条件下，由于时代和阶级关系的不同，会有着不同的形式和内容。社会主义条件下的爱国主义是人类历史上最高类型的爱国主义，它具有新的社会经济、政治和思想基础，是推动社会主义发展的动力之一。

热爱社会主义祖国的具体要求主要是：

其一，正确认识祖国的历史现状，增强热爱祖国的感情和责任感。只有从思想上正确认识祖国的可爱，才能从内心深处产生深厚的爱国主义情感，才能对祖国的前途和命运无比关心，才能竖立起振兴中华、报效祖国的志向和信念。

其二，把热爱祖国的深厚感情和信念转化为爱国主义具体行动。热爱祖国不是一句空话，而是一种义务。爱国不能停留在思想上，而是落实到行动上。每个人能力有大小，境遇有顺逆，条件有优劣，都应刻苦学习科学技术文化知识，增强自己建设祖国和保卫祖国的本领和胆识，都应为祖国成为富强、民主、文明的社会主义现代化国家而奋发进取，努力工作。

其三，要有民族自尊心和民族自信心。尊重祖国悠久的历史和灿烂的文化，珍视我们党和人民的光辉业绩和优良传统，以热爱祖国并贡献自己全部力量建设祖国为最大光荣，以损害祖国的利益和尊严为最大耻辱。尊重别国的独立自主和民族利益，同一切国家的人民平等往来、友好相处。在任何强国、富国面前，决不妄自菲薄，更不对之卑躬屈节。

2. 具备社会主义道德品质

社会主义道德的本质是集体主义，是全心全意为人民服务的精神，是植根于社会主义经济基础，与社会主义的经济、政治、文化状况相适应的社会道德。社会主义是共产主义的初级阶段，又是向共产主义高级阶段前进的历史运动，社会主义道德本质上从属于共产主义道德体系，是共产主义道德在社会主义历史阶段的具体体现。它以社会主义的集体主义为道德原则，以实现共产主义为道德理想。

社会主义道德品质修养的基本点，就是把爱祖国、爱人民、爱劳动、爱科学、爱社会主义的"五爱"体现在社会生活的方方面面，建立和发展平等、团结、友爱、互助的社会主义新型关系。毛泽东说："提倡以集体利益和个人利益相结合的原则为一切言论行动的标准的社会主义精神。"这就要求人们在道德活动中，自觉地加强社会主义道德品质锻炼，一方面要认真学习马克思列宁主义、毛泽东思想，用革命理论武装自己头脑，进一步加强世界观改造；另一方面，要积极参加社会实践活动，在实践中加强锻炼，不断修正错误，提高自身修养。

孔子提出的君子道德品质

① 人不知而不愠，不亦君子乎？
② 君子去人，恶乎成名？君子无终食之间违仁，造次必于是，颠沛必于是。
③ 君子坦荡荡。
④ 君子成人之美，不成人之恶。
⑤ 君子和而不同。
⑥ 君子固穷，小人穷斯滥矣。
⑦ 君子求诸己，小人求诸人。

3．践行社会主义核心价值观

社会主义核心价值观是社会主义核心价值体系的内核，体现社会主义核心价值体系的根本性质和基本特征，反映社会主义核心价值体系的丰富内涵和实践要求，是社会主义核心价值体系的高度凝练和集中表达。

"富强、民主、文明、和谐"，是我国社会主义现代化国家的建设目标，也是从价值目标层面对社会主义核心价值观基本理念的凝练，在社会主义核心价值观中居于最高层次，对其他层次的价值理念具有统领作用。

"自由、平等、公正、法治"，是对美好社会的生动表述，也是从社会层面对社会主义核心价值观基本理念的凝练。它反映了中国特色社会主义的基本属性，是我们党矢志不渝、长期实践的核心价值理念。

"爱国、敬业、诚信、友善"，是公民基本道德规范，是从个人行为层面对社会主义核心价值观基本理念的凝练。它覆盖社会道德生活的各个领域，是公民必须恪守的基本道德准则，也是评价公民道德行为选择的基本价值标准。

二、积极的进取精神

进取精神也叫上进心，是一个人力争上游的决心与欲望，是人类全面发展和不断进步的必要条件之一。当人有了积极的进取心，也就有了好好学习、好好工作，有了力争把事情做好的动力。

古人有云："君子之学必日新，日新者日进也，不日新者必日退，未有不进而不退者。"此话充分阐明了进取是人生的要务，特别是现代社会生活节奏快，每时每刻都处于瞬息万变的状态，要想跟上社会发展的节奏，就必须有一颗奋发向上、积极进取之心。因为在人满为患，竞争激烈的年代，唯有不断进取，才能知难而进、勇攀高峰，从而成为时代的主流、时代的强者、时代的楷模、时代的精英；唯有不断进取，才不会被风云变幻的社会所遗忘，才不会在川流不息的人群中迷失自己的方向，才不会因似水流年匆匆而过感到惋惜。

人的进取心，固然有先天的因素，但是也能在后天慢慢积累起来，那么如何培养一个人的进取精神？

1. 进取精神的特质

（1）好胜心

有强烈的好胜心，不甘落后，勇于向未知领域挑战，以成功的事实去证明自己的能力和才华。

（2）主动学习

有旺盛的求知欲和强烈的好奇心，从而能不断接受新事物的出现，及时学习，更新自己的知识，提高自己的个人能力。

（3）自我发展

能够根据组织总的目标，制定个人的发展目标，并为之努力奋斗。

2. 培养方法

（1）树立目标

人是以目标为导向的生物，是在不断追求目标过程中体现生命意义的。确立自己的目标以及人生方向，是一个人拥有进取心的根本。

（2）常立志不如立长志

确定好自己的目标与人生方向，就要坚持下去，勇敢地走下去。

（3）不走捷径

不要想着去走捷径，遇到困难不畏惧，其他人或许会对自己的行为有反对看法，但是不要理会，集中全力去实践自己的目标。

（4）树立自信

对自己没有信心，就先从小的事情做起，并坚持努力地去做，慢慢地积累自己的信心。当自己对自己有信心了，不管遇到什么困难就都不会退却了。

（5）积极的态度

及时鼓励自己，给自己打气，做任何事情都要有良好的、积极的态度，不管遇到什么事情，都要保持乐观的心态。

（6）及时反馈

当我们有了一定成绩的时候，及时记录和反馈，查看自己哪里做得好，哪里做得不好，做得好的地方要保留，做得不好的地方就要警示自己，避免自己重蹈覆辙。

知识链接

进取心的等级

A-1级：没有强烈的好胜心，对事业没有追求；没有强烈的求知欲与好奇心，对新事物的兴趣不高；没有明确的个人目标。

A-0级：有较强烈的好胜心，对事业有一定的追求，敢于向未知领域挑战；有比较强烈的求知欲与好奇心，会及时学习，更新自己的知识提高职业素养；有较明确的个人目标，并为之奋斗。

A+1级：能够虚心求教，主动从多种渠道吸收信息；能够迅速提高业务素质，并成为骨干；有好胜心，有必胜的信心，主动去学习各方面知识，加强自身素质的提高；对新事物有强烈的好奇心并能很快地吸收新知识、新技能。

A+2级：工作中争强好胜，制定高目标，为之奋斗；不断地追求完美；具有旺盛的精力，对待任何事物都有良好的工作面貌，谦虚、主动、积极进取、主动好学；勇于接受挑战，要求自己工作成绩出色；对新事物有强烈的求知欲，并学以致用。

三、树立正确的人生观和价值观

人生观，是人们对人生问题的根本看法。主要内容是对人生目的、意义的认识和对人生的态度，具体包括公私观、义利观、苦乐观、荣辱观、幸福观和生死观等。人生观是人们在人生实践和生活环境中逐步形成的。由于人们的社会实践、生活境遇、文化素养和所受教育的不同，因而形成不同的人生观。正确的人生观指引人走上人生的正道，用自己的劳动去创造人生业绩，成为一个有益于社会有益于人民的高尚的人。错误的人生观将导致人背离人生的正道，走到邪路上去，甚至成为危害社会、危害人民的罪人。

价值观，是人们对价值问题的根本看法，包括对价值的实质、构成、标准的认识，对于这一问题不同看法，形成了人们不同的价值观。每个人都是在各自价值观的引导下，形成了不同的价值取向，追求着各自认为最有价值的东西。价值的内涵非常丰富，一般可以分为物质性和精神性的价值，还有综合性、复杂的价值，如人的价值（或称人生价值）。能否树立正确的价值观和科学、合理的价值取向，对一个人的发展是至关重要的。

价值观和人生观都属实践理性，都需在实践中体验，在实践中落实。"正确认识个人与社会、国家的关系"，是人生观教育的逻辑起点，只有正确认识个人与社会、国家的关系，摆正自我的位置，才能正确回答人生目的、人生理想、人生价值、人生责任、人生态度、人生尊严等问题。把社会主义核心价值观当作当代中国人的核心人生价值观，就要把它内化于心、外化于行，实现人生价值。

展现人生的价值，必须用高尚品格造就光彩的人生，力图使自己活泼而不轻浮，严肃而不冷淡，自信而不骄傲，虚心而不盲从。成功时学会深思，受挫折时保持镇定，在追求人生价值中奉献，在奉献中实现人生价值。只有这样，行进在人生的旅途上时，才能经风不折、遇霜不败、逢雨更娇、历雪更艳。

模块三　职业形象塑造：微笑是你最美的名片

学习目标

1. 了解职业形象塑造的意义。

2. 养成良好的个人卫生习惯，要求注重日常清洁，勤洗漱更衣，修饰边幅，保持容貌端正整洁，即一种无须过多外在修饰就可达到的自然美。

3. 通过一些人为外在的修饰装点，运用一些适当的技巧，能够在原有基础上强化仪容仪表之美，起到画龙点睛的效果。

第一讲　仪容仪表：人际关系敲门砖

案例呈现

小张和小李同在一家公司工作，因为她们的办公桌挨得近，工作上的交流也随之增加，渐渐地两人成了朋友。可是，后来小张发现自己与小李在日常生活习惯上有太大出入。比如，在夏天的炎炎烈日里，小李身上总有一股挥之不去的"怪味"，稍微靠得近些就让人难以忍受。头发总是油腻腻的糊在头顶，手指上也都是发黄或者很久没剪的指甲，更别提化妆打扮打扮自己了。而小张平日工作时，会化好整洁端庄的"丽人妆"，梳一个大方得体的发型，喷上自己喜爱的香水，心情愉悦地去上班。

终于有一天，小张委婉试探性地和小李说道："小李呀，咱们下班了要不要去美发店换个发型，或者去逛逛商场买买化妆品呀？"可谁知，一听这话的小李立刻挥了挥手，说："哎呀，不去不去，浪费时间还浪费钱，没意义没意义！"小张听罢，摇了摇头叹了口气，默默走开，心想再也不费心管小李这些事儿了……

请问：

1. 小李因为什么导致了其他同事对她的疏远？
2. 在日常生活中我们应该从哪些方面加强对自我的仪容仪表管理？

一、个人卫生——外在形象的基石

人们常说个人卫生有四勤：勤洗澡、勤换衣物、勤剪指甲、勤刷牙漱口。它显示了一个人的精神面貌，是外在形象的最基本体现。养成良好的个人卫生习惯，不仅有利于建立自信的个人形象，还有助于促进人们在生活、工作中的人际交往。

1. 勤洗澡

日常勤洗澡能清除汗垢油污，提高皮肤新陈代谢，还能消除疲劳、改善睡眠。在春、秋、冬季天气不热时，洗澡次数因人而异，可不必每日洗澡，以保持皮肤表面清洁，身上无异味为宜；在夏季气温高，人体出汗较多时，应每天用温水冲洗一次，保持人体的清爽。

要注意的是，在生活中与朋友、同事、客户或较为重要的人见面前，若身上有异味或污渍，务必要洗澡沐浴之后再前往，以表示对他人最基本的尊重。

2. 勤换衣物

人的衣物上往往存在着各种细菌等微生物，尤其在夏季，人体分泌的汗液会残留在衣服上，长时间不清洗更换会减缓皮肤的新陈代谢，甚至危害健康。有污渍或有异味的衣物会直接影响个人仪容仪表形象，使自己与他人的关系变得疏远。

3. 勤剪指甲

人与人见面时，经常需要伸出手来与之相握，所以指甲务必要保持整洁，能够让自己看起来卫生、美观。指甲太长或有污垢都会影响自身的形象，将指甲修

剪整齐也代表着自己对他人的尊重之意。

在修剪指甲时，要注意切勿修剪过短，应使指甲前端的中间部分与指尖齐平为佳。

4．勤刷牙漱口

早晚要刷牙，饭后要漱口。刷牙漱口可以清除食物残渣，消除口腔异味，保持口气清新。在张嘴与他人交谈时，牙齿缝隙中有食物残留是不礼貌的，还会有损自身的形象。上班前或重要场合时，要注意不吃味道过重或有异味的食物，不要喝含酒精的饮料。

在出席社交场合时，为了避免有口腔异味，最好不要食用蒜、葱、韭菜、腐乳等有强烈气味的食物。餐后应漱口或者咀嚼一些口香糖来消除异味，保持口腔的整体清洁。但要注意的是，在与他人交谈时，最好不要咀嚼口香糖，这是不礼貌的行为。如果有口腔异味的问题，则尽量睡前不吃零食，饮食清淡，少吃辛辣等刺激性食物。常食用新鲜水果和蔬菜，保持正常的作息，能有效改善口腔异味。有的人因为牙齿问题，也会导致口腔异味。可采用定期洗牙、使用牙线等方式来保护牙齿，养成每天早晚刷牙的好习惯，美丽洁白的牙齿会让人笑容灿烂，自信满满。

二、妆面发型——云想衣裳花想容

如果说保持个人卫生是外在形象的必备基础，那么恰到好处地修饰自己才是决定外在形象是否优越的关键因素。俗话说得好："人靠衣装，马靠鞍。"要想在人前留下良好的形象，光靠自然之美是远远不够的。要懂得取巧，运用一些外在因素来放大自己的优点，扬长避短，达到提高自身整体气质、美化个人形象的目的。

1．化妆

化妆是一门综合艺术，好比画家对其作品进行加工上色。在化妆过程中，需要运用到一些化妆品和工具，再加上正确的步骤和技巧，对人体面部的五官及其他部位进行渲染、描画、调整及修饰。从而达到放大优点、掩盖缺点、美化视觉效果的作用。

（1）化妆的原则

在整体的化妆过程中，讲究的是审美与技巧的统一。首先，要确定自己适合的化妆风格，使自我妆容与个人形象尽可能达到较高程度的吻合。其次，明确在不同场合中自己应选择的妆容。例如，在日常工作中，妆容不可过于夸张，颜色应尽可能以清新淡雅为主，能够使人看上去更加有自信、有精神，大气又干练。而在非正式场合，妆容的选择则倾向于个人喜好，可适度进行调整搭配，使整体妆容贴合自己的心情，从而为个人仪表形象加分。

（2）化妆品的使用

对于人的面部五官，不同部位应使用不同类型的化妆品。化妆品类型及使用部位见表3-1。

表3-1 化妆品的类型及使用部位

部位	面部	眉毛	眼睛	鼻子	嘴唇
使用	遮瑕、粉底、定妆粉、腮红	眉笔、眉粉	眼影、眼线、睫毛膏	修容、高光	口红、唇彩

（3）化妆基本步骤

在准备好基本化妆品之后，只有学会正确的化妆方法，才能达到自己的预期目的。

① 清洁。清洁皮肤是化妆的大前提和基础。用洗面奶适当按摩皮肤，清除污垢，使面部肌肤干净整洁，后续上妆才能更加自然贴合。

② 修眉。大部分人的原生眉形状都比较杂乱，应用修眉小刀刮去多余的眉毛，调整眉形到适合画眉的程度。注意在修眉过程中应集中注意力，不要刮伤皮肤。

③ 水乳。根据自己皮肤的性质选择合适的化妆水和乳液，采用轻轻拍涂的方法，使其充分与皮肤融合吸收。通过水和乳的使用，不仅能够滋润皮肤，使皮肤获得一定的营养，还能在后续上妆时促进皮肤与化妆品的融合吸附，尤其可使底妆更服帖，不容易形成卡粉等情况。

④ 底妆。底妆是整个妆容中最关键的部分，底妆是否干净清爽决定了整体妆容质感的好坏。在上粉底液之前，如若脸上有痘印、红血丝、黑眼圈等瑕疵，应使用相应的遮瑕产品，对瑕疵部分进行遮盖与修饰，调整好局部一些肤色不均匀的地方。遮瑕之后，根据皮肤性质及肌肤颜色选择一款适合自己的粉底液，适量

点涂在脸上，使用海绵扑，采用拍打点涂的方法，均匀快速地将粉底液推开涂抹均匀。最后使用定妆产品，固定底妆，减少后续妆面的脱落。

⑤画眉。画眉是整个妆面步骤中最考验技巧及耐心的步骤。眉的描画要与整体妆效、脸型、年龄、场合的需要相吻合。眉色的选择可根据发色决定，通常眉毛颜色与头发颜色越相近，整体妆效越美观自然。画眉过程不可急躁，要注意左右两侧眉型的对称。

⑥眼妆。眼影的选择要与整体妆容、服饰、场合相协调。先用浅色在整个眼周打底，眼尾部分用深色眼影适当加深，眼球中间用亮色提亮，使眼睛更加深邃有神。眼影画好后，再用眼线笔勾勒眼线，用睫毛膏增加睫毛长度和浓密度。要注意日常生活场合中，最好不要使用假睫毛，容易加快上眼皮松弛，还会使妆容过于夸张。

⑦鼻影。根据不同人不同的鼻型，用阴影粉适当修饰鼻子形状，使鼻子看起来更立体。

⑧修容。对于面部修容，遵循凹凸原则。需要使其凹陷的地方用深色阴影粉修饰，如：下颚、两侧腮帮、太阳穴等；需要使其饱满的部位则用亮色，如：腮红、眉骨、鼻梁、下巴、额头等。

⑨唇妆。上唇妆之前，先涂抹一层润唇膏来去除唇部死皮，再根据妆容需要选择口红颜色，填涂整个唇部。

⑩审妆。完成以上所有化妆步骤后，根据整体效果、妆发协调度、妆感是否对称均匀等要素，进行适当修补调整。

（4）卸妆洁面

无论化妆与否，卸妆洁面都是每天的必要环节。皮肤清洁不到位会使化妆品残留物堆积在皮肤上，堵塞毛孔从而造成各种肌肤问题。在卸妆产品选择上用得最多的是卸妆水和卸妆油两种，一般而言眼妆及唇妆使用卸妆水，脸部其他部位则需使用卸妆油。卸妆洁面的具体步骤和方法如下：

①卸妆。清洗双手后用卸妆棉蘸取适量卸妆水，湿敷在眼部及唇部，20秒后将卸妆棉随睫毛生长方向轻轻擦拭来卸掉眼妆，再将唇部卸妆棉轻轻按压，朝一个方向擦拭来卸掉唇妆。最后将卸妆油涂抹于面部，食指与无名指以画圈的方式反复按摩面部，尤其鼻翼与嘴角等容易忽视的位置要多进行按摩。

② 洁面。选择洁面产品应参照自身的肤质。如果是油性皮肤，建议使用富含氨基酸的洁面泡沫，有清爽去油的效果；如果是干性皮肤，则需要选择相对保湿的洗面奶来清洁面部，洁面完成之后再用温水冲洗干净。

③ 保湿。皮肤保养的关键步骤就是补水保湿，无论是春夏秋冬哪个季节，皮肤都需要充足的水分。保湿水的选择要特别注意贴合季节需求，如果是春夏季节，可以选择轻薄的保湿水用于整张脸的补水，将保湿水轻轻拍打于脸部，使它完全被皮肤吸收；秋冬季节，可使用密度大一些的营养保湿水，如果皮肤出现起皮或干裂的情况，可以选择含有芦荟成分的保湿水进行水疗。

④ 眼霜。眼睛是心灵的窗户，眼部周边的皮肤非常敏感且质地很薄，保持眼部四周肌肤的平整，能让人看起来更加年轻。使用眼霜可以使营养成分直接深入肌肤底层，有效锁住水分及胶原蛋白，使眼部周围肌肤的滋润度有所提升。

⑤ 精华。精华中的营养成分含量较高，可以更好地锁住肌肤中的水分并补充营养，增加肌肤清透度，提升皮肤整体状态。

⑥ 保湿乳与面霜。乳液比较轻薄，不油腻，建议春夏季节使用，更加清爽滋润。面霜相对比较油，适合干燥的秋冬季节使用，可以更好地锁住水分。在涂抹过程中，注意手法是向上提升的，即由下向上推抹。

痘痘肌的护理

痘痘肌是指容易出油的肌肤、有痘坑痘印的肌肤以及时不时会冒出痘痘的肌肤。这是一类比较敏感的肌肤，如果工作繁忙或很晚休息加上清洁不到位，或不注重饮食习惯吃过多的油腻食品就很容易形成。因此，在护理上需要格外讲究，尤其要注意面部清洁工作的方法。

1. 正确洗脸方法

关于洗脸有多种说法，什么时间洗，一天洗几次，这都与皮肤状态有直接关系。其实我们的皮肤表层有自身的一层屏障，可以保护我们的皮肤，所以一天当中过于频繁地洗脸并不好，应当把洗脸次数控制在 2～3 次，避免因为过度清洁

礼仪与职业素养

而损伤皮肤。痘痘肌应当选择温和不刺激的洗面奶,充分揉搓出泡沫之后再进行清洗,以画圈的方式按摩脸部,而后用清水洗净。洗干净之后最好不要用毛巾擦脸,可用洗脸巾代替擦干多余水分。

2．如何处理痘痘

很多长痘的人会习惯用手去挤破痘痘,但是这样不仅会造成皮肤创伤,还可能造成细菌感染,留下疤痕。如果痘痘比较严重,可以选择去专业的医院或美容院,进行清痘治疗,即用美容针将痘痘挑破,挤出脓液和颗粒,再等待伤口的愈合,这种方法形成的创口较小,对皮肤形成的伤害较自己挤痘也更小。但这种方法只适用于医院或专业美容机构,对工具的消毒和美容针入针角度及深度都有严格要求。

3．选择合适的保养品和化妆品

长痘痘的肌肤要特别注意清洁。女生总认为洗脸就该洗得一点油脂都不剩才是最好,但是痘痘和油脂并不总是存在相生相伴的关系。例如,成人痘,长痘痘位置的皮肤通常都会比较干燥,它需要的是补水多过于清洁。因为长成人痘的肌肤通常油脂分泌已经减少了,如果全系列地控油、控痘,只会令缺水性肌肤雪上加霜,灭痘效果不佳,反而会使肌肤更干更皱。

作息不规律或者心情变化比较大的几天,应该多给肌肤补充水分,少用碱性洗面奶,多用补水型的产品。皮肤通透了,自然就长不出成人痘了。长痘痘的肌肤在洗面奶的选择上,建议选择深层清洁型而非控油型洗面奶。

4．睡眠充足

睡眠质量与皮肤质量有着紧密的联系,睡得不好皮肤油脂会分泌得更多,因而痘痘也会长得更多,脸色也会更加暗沉。所以不要熬夜,保证睡眠时间,提高睡眠质量。此外,被子、床单、枕头、洗脸毛巾等要时常更换,保持清洁。

5．放松心情

学习压力过大,容易紧张、烦躁不安,同样会使油脂分泌增加,从而间接导致痘痘的增加。因此,学着放慢节奏,让心情保持舒畅,能使气血调和并有助于皮肤保持水油平衡。

6．饮食均衡

首先,油腻的东西一定要少吃,因为吃油腻的食物越多,相当于油脂越多,就会促进皮肤分泌油脂越多,就很容易长痘痘。此外,碳水化合物(通常指糖类)

尽量少吃，这个糖不仅是大家平时吃的糖，还有在饮料、零食里面的甜味剂，还有各种淀粉类的食物。

7. 注意防晒

为了避免留下痘印或斑点，要做好防晒工作，防晒分为物理防晒和化学防晒两种。物理防晒可以最直接地去遮挡太阳光的照射，以穿长袖长裤、戴帽子之类为主，阳光强烈时，穿深色衣衫，因为浅色衣服只反射热度，却无法阻隔紫外线。化学防晒则为涂抹防晒霜、喷防晒喷雾等，通常而言，防晒指数越高的产品防晒效果越好。防晒霜、防晒喷雾的用法要注意，在出门前10～20分钟就应涂好防晒产品。

此外，流汗或者毛巾擦拭等都会降低防晒效果，重复涂抹并不会得到新的防护，而是保持防晒效果。任何保养品，甚至只是水，只要覆盖在防晒产品上便会影响防晒的功能，因此游泳或流汗后必须补涂防晒。

2. 发型

选择一款适合自己的发型，会使个人的仪表形象增色不少。在选择发型的过程中，脸型起着决定性作用，适合自己的才是最好的，而不是当下流行什么就选择什么。对于大多数人而言，可以把脸型笼统地分为：圆脸、方脸、长脸和鹅蛋脸。不同的脸型适合的发型略有不同，掌握恰当的修饰技巧，才能变身为时尚达人，拥有最适合自己的发型。

（1）圆脸

圆脸型的整体特质为饱满圆润，线条流畅，脸上没有过多的棱角，整体轮廓均匀。在发型设计时要注意避免不恰当的设计造成显胖的视觉效果。可以选择短发打造青春活泼的感觉，也可以用蓬松的长发修饰圆润的线条。

（2）方脸

方脸又被称为"国字脸"，总体特征表现为下颌角较为肥大，咬牙时咬肌明显，同时太阳穴两侧较宽，使脸部整体视觉效果呈现出方正感。在设计方脸型的发型时要注重从视觉上去拉长脸型，可以尝试用八字刘海遮住颧骨部分，发尾可以采用卷发，使头发蓬松盖住下颌，扬长避短，打造最好的效果。

（3）长脸

长脸型具有上庭、中庭和下庭均较长的特征。可以选择齐刘海或斜分式刘海来遮住额头，避开过短的发型，也可以选择干净利落的高马尾来转移视线注意力，或选择过肩的长发、卷发来修饰脸型，柔和整体的弧度。

（4）鹅蛋脸

鹅蛋脸在所有脸型中是最百搭最不容易出错的。整体轮廓不存在太大的缺陷，可以尝试多种发型。只要不是过于夸张的发型，稍加设计修饰，都能营造出自己想要的感觉。

知识链接

正式场合中的发型选择

在较为正式的场合或一些特定行业中，人们需要选择一款有别于日常生活的较为正式的发型。例如，在服务行业中，通常会对男士和女士的发型做出具体要求——力求给人一种整洁、庄重、典雅和自然的感觉。

1. 男士

男士在发型上不用做过多的设计，发色以黑色、深棕色为主，避免烫染太夸张的发型，刘海不可超过眉毛，选择较短、轻薄、干练的刘海为主，两鬓的头发略微剪短一些，显得人更加自信有精神。整体风格较为沉稳的男士可以将中间的头发用发胶或发蜡梳理上去，打造出一个蓬松有质感的职业发型。这种发型还可以适当弥补身高上的不足，从视觉上增加高度。

2. 女士

在正式场合中，女士的发型要根据发质、脸型、年龄、职业、气质等因素来选择合适的发型，不论哪种发型都要以自然美为中心，避免夸张的烫发及不合适的发色。在服务行业中，女士的发型大多以盘发为主，将后脑勺的头发盘在耳后的头部中间，既显得清爽利落，又能够从视觉上拉长颈部，变得更加有气质。

盘发需要掌握一定的技巧，下面让我们来看看盘发的具体步骤。

（1）梳理头发

首先用梳子将所有头发梳理通顺，然后在头顶部取少量头发，用尖尾梳倒梳使头发产生蓬松感，这个步骤可以重复2～3次。蓬松的头发可以显脸小，提升气质感。

（2）固定位置

将所有头发按照一个走向，统一向后梳理成马尾，马尾的高度在两耳上缘平行的位置。根据脸型的需要，前面的头发可适当挑起，但要注意圆滑度，再用发胶均匀喷涂在头发上，取啫喱状定型产品均匀涂抹于掌心，轻抹于头发表层加强定型效果。可以用一字夹固定耳后的碎发。

（3）发网盘发

将隐形发网打结处一端固定在马尾皮筋处，用一字夹在马尾后固定，将整个马尾顺畅放进隐形发网中——向上卷绕马尾，不要过度拧转，一圈半为宜。再用U形夹固定发髻，一般采用四个夹子，在上、下、左、右各个位置固定。

（4）调整定型

最后根据整体盘发效果适当调整，有碎发的地方再用发胶和一字夹整理定型。

第二讲　形体仪态：谦谦君子，落落大方

案例呈现

英国哲学家弗朗西斯·培根曾说过："在美的方面，相貌之美，高于色泽之美，而秀雅合适的动作之美，又高于相貌之美。"这句话道出了姿态美的玄机。相貌之美固然重要，但当一个人在沉默不语的时刻，他的姿态、神情，已经无声地告诉人们你的气质如何，你的品位如何，并且在一定程度上决定了人们对你的态度。一个受欢迎且被人欣赏的人，或许不一定拥有权势地位，但一定拥有让人感到舒服的神态表情，以及合理优雅的形体仪态。

请问:

1. 让人感到舒适的表情语言通常要考虑哪些因素?
2. 如何做好日常体态管理才能提升整体气质?

仪态泛指人们的身体所呈现的各种姿势,是一种体态语言。它包括举止动作、表情与相对静止的体态,如点头、微笑、皱眉等神态动作,以及站姿、坐姿、蹲姿等相对静止的姿势,都表现着人的精神面貌、礼貌修养等。正所谓"此时无声胜有声",体态语言在人际交流中有着重要的辅助作用。

一、表情管理——回眸一笑百媚生

表情是人们内心情绪的外在体现,是最能够表现出人的真情实感的。健康舒适的表情应该是和蔼可亲、诚恳、优美的,是一个人风度的重要组成部分。同时,表情对人的语言起着解释、纠正、强化的作用。

1. 微笑

笑容是一种令人愉快的面部表情,它可以缩短人与人之间的心理距离,也是人们思想感情的外露,具有沟通感情、传递信息的作用。人的笑容有很多种,包括大笑、苦笑、微笑、假笑、窃笑等,但其中最美的还是微笑。微笑能够消除人与人之间的陌生感,创造和谐、融洽、舒适的氛围,并且能够给予周围人亲切、愉悦的感觉。对于自身来说,经常微笑可以减轻人们心理和生理上的压力,有助于保持身心健康。可以说,微笑是人际交往中必备的礼节,发自内心的微笑,能够体现出对人的关怀、热忱和爱心。

(1)微笑的标准

微笑时要放松面部肌肉,嘴角微微上扬,自然地露出6～8颗牙齿,要注重"微微一笑",即不牵动鼻子、不发出笑声、不露出牙齿,尤其是不要露出牙龈,微笑时真诚、甜美、亲切、善意、充满爱心,同时眼中要含有笑意。

(2)微笑的训练

第一步:树立微笑意识。在开始微笑训练之前,我们首先要明确为什么要微笑。树立微笑意识,是开始微笑训练的基础。

第二步:顶书训练法。很多人不明白为什么微笑训练要顶书训练。其实,有些时候，我们笑起来不自觉地头有些上扬，容易被人误解为骄傲；低着头微笑，又让人觉得是在害羞，不够落落大方。因此，让我们运用顶书训练法，将头摆正提升微笑时的气质。

第三步：含筷训练法。这种方法在微笑训练中较为常用，就是用牙齿咬住一根筷子微笑，此时露出的牙齿数量和嘴巴微笑的弧度比较适宜，如图3-1所示。

图3-1　含筷训练法

第四步：对镜自揽法。通过照镜子训练，观看自己微笑的弧度，露出的牙齿数量，嘴色有没有上扬等，一目了然，如图3-2所示。当然，采用这个方法，前提就是我们知道微笑的标准是什么。

图3-2　对镜自揽法

第五步：回忆快乐事情法。很多人担心自己笑不出来，那么我们可以回想一下记忆中有哪些让我们快乐的事情。想到这些美好的事情，我们自然就会嘴角上扬，一个漂亮的微笑就出来了。

第六步：相互评价法。这个方法实际上和对镜自揽法是一样的，只是其他同事或者朋友能从旁观者的角度帮我们迅速找到问题所在。这是一个非常好的训练

方法，因为我们的微笑别人看得见，自己看不见，相互评价能让大家的微笑训练得到更快的提升。

第七步：情景训练法。设计一段演讲或自我介绍，在讲述过程中使用规范、自然、大方的笑容与观众交流。这个方法可以锻炼我们在生活中运用微笑的能力。

2. 目光

目光是一种无声的语言，可以传递人们的喜怒哀乐。眼神可以表达有声语言难以表现的情感、对事物的反应、心理状态、对待人生的态度，以及一个人的内心世界。因而，要想拥有一个良好的交际形象，那么目光应该是坦然、亲切、和蔼、有神的。我们要有意识地用眼神交流，正确表达内心的情感。

（1）目光的注视区域

在人际交往中，根据场合和交往对象的不同，注视他人身体的部位也有所不同。与人交谈时，目光应该注视着对方。但应使目光局限于上至对方额头，下至对方衬衣的第二粒纽扣以上，左右以两肩为准的方框中。一般有三种注视方式：

① 社交凝视。注视区域是以两眼为上线，注视位置在对方唇心到双眼之间的三角区域。适用于一切社交场合的目光凝视。如群众、同事间的交流，会营造一种平等放松的交往氛围。

② 亲密凝视。注视位置是对方双眼到胸部之间的区域。范围相对宽泛，适用于亲人、恋人、家庭成员之间的交流。在与他人关系比较生疏的情况下，选择这种方式凝视将会被视为无礼或者不怀好意，有非分之想。

③ 公务凝视。注视区域是以双眼为底线，注视位置在对方双眼到额头之间的区域。适用于洽谈业务或谈判等，给人一种严肃、认真的感觉。还会产生把握谈判主动权和控制权的效果。

（2）目光的注视方式

无论是使用公务凝视、社交凝视，或是亲密凝视，都要注意不可将视线长时间固定在所要注视的位置上。这是因为，人本能地认为，过分地被人凝视是在窥视自己内心深处的隐私。所以，双方交谈时，应适当地将视线从固定的位置上移动片刻，这样才能使对方心理放松，感觉平等，易于交往。

当与人说话时，目光要集中注视对方；在听人说话时，要看着对方的眼睛。

这是一种既讲礼貌又不易疲劳的方法。如果表示对谈话很感兴趣，就要用柔和友善的目光正视对方的眼区；如果想要中断与对方的谈话，可以有意识地将目光稍稍转向他处。尽量不要将两眼视线直射对方眼睛，因为对方除了会以为你在窥视他心中的隐私，还会认为你在向他表示不信任、审视和抗议。但在谈判和辩论时，就不要轻易移开目光，直到逼对方目光转移为止。当对方说了错误的话正在拘谨害羞时，不要马上转移自己的视线，而是要用亲切、柔和、理解的目光继续看着对方，否则对方会误认为你高傲，在讽刺和嘲笑他。谈兴正浓时，切勿东张西望或看表，否则对方会以为你听得不耐烦，这是一种失礼的表现。

（3）目光的注视时间

在整个交谈过程中，与对方目光接触应该累计达到全部交谈过程的50%～70%，其余30%～50%时间，可注视对方脸部以外5～10米处，这样比较自然、有礼貌。

3．表情

每一种表情都需要面部各个部位的组合，并进行令人难以置信的、微妙的重新组合和排列，然后才能传递出独一无二的信号。人们往往能够迅速地辨认出这些表情及其含义。我们的面部有3个能够独立运动的部分，包括：额头和眉毛；眼睛、眼睑、鼻子；脸颊、嘴和下巴。下面我们将结合这些部位的变化，描述几种常见的面部表情。

（1）快乐

在想到如何表达快乐时，最容易想到的表情就是微笑。尽管微笑并不是表现快乐的独一无二的信号，但确实是这种情绪中最显而易见的标志。微笑对面部产生影响的部位主要涉及眼睛、嘴和脸颊。微笑时，下眼睑微微上扬，在眼睑下方会出现皱纹，在眼角外围会出现些许的鱼尾纹或者笑纹。与此同时，当唇角向外和向上运动的时候，嘴巴就会变长，双唇可能会分开，并露出牙齿（通常露出上面的牙齿）。

（2）悲伤

从整体上来说，嘴最能表露出人的悲伤情绪。人们在情绪悲伤的时候，嘴角会下垂，凸显出整个面部松弛呆滞和无精打采的状态。如果因为悲伤而流泪哭

泣,双唇可能会颤抖,鼻子会微微抽搐。而且在悲伤时,眉端上扬,因此,双眉之间的空间、鼻子根部,以及两只眼睛会呈现出一个三角形。在这个三角形的上方,额头可能会出现皱纹。

(3)惊奇

当人们感到惊奇的时候,眉毛会向上抬,额头的皱纹会形成波状,横向分布在额头上,双眼会比平常睁得更大,会露出更多的眼白,嘴巴会张开以此来表示惊讶。

(4)恐惧

当人们感到恐惧的时候,眉毛会上扬,并皱缩在一起。与惊奇中的表情相比,恐惧中的表情,眉毛看上去没有那么弯曲,额头也会出现皱纹,但是,并不完全是横向分布,而是眉间往往会出现纵向的皱纹,上眼睑会抬起,露出眼白,下眼睑会变得紧绷,并且上扬,双唇会紧紧地向后拉伸。

(5)生气

当人们感到生气和愤怒的时候,脸部的肌肉会将眉毛往下拉,并向内紧缩。眉头紧锁,会让两眉之间出现纵向的皱纹。而当上眼睑和下眼睑向着彼此移动得越来越近的时候,双眼会变得窄而细。

(6)厌恶

当某些东西或事情让人们感到讨厌和憎恶的时候,这种情绪主要会反映在眼睛里面,以及面部的下部分。下眼睑上扬,在眼睑下方会出现一些皱纹。通常人们会皱起鼻子,脸颊上移,双唇可能会上扬,或者仅仅只是向上牵动上嘴唇,下嘴唇向下拉,嘴巴微微翘起。

二、仪态管理——站如松,坐如钟

仪态,又称"体态",是指身体在站、坐、行、蹲时所呈现出的姿态。仪态无时无刻不存在于你的举手投足之间,优雅的体态是一个人有教养、充满自信的表现。举止大方得体,动作合乎规范,是个人礼仪方面最基本的要求。

1. 正确的站姿

在人际交往中,站立姿势是一个人整体仪态的根本点。如果站姿不够标准,一个人的其他姿势就一定谈不上优美。标准的站姿,从正面观看,全身笔直,精神饱满,两眼正视,两肩平齐,两臂自然下垂,两脚跟并拢,两脚尖张开60°,

身体重心落于两腿正中；从侧面看，两眼平视，下颌微收，挺胸收腹，腰背挺直，手中指贴裤缝，整个身体庄重挺拔。练就好的站姿，不是只为了美观而已，对于健康也是非常重要的。

站姿是人的一种本能，是一个人站立的姿势，它是人们平时所采用的一种静态的身体造型，同时又是其他动态的身体造型的基础和起点，最易表现人的姿势特征。

（1）男士站姿

男士站姿主要可分为标准式站姿、前腹式站姿以及手后背式站姿，如图3-3所示。

① 标准式站姿。身体立直，抬头挺胸，下颌微收，双目平视，双手自然垂放于身体两侧，双膝并拢，两腿绷直，脚跟靠紧，脚尖分开呈"V"字形或双脚并拢。

② 前腹式站姿。身体立直，抬头挺胸，下颌微收，双目平视，双脚平行分开，两脚间距离不超过肩宽，一般以20厘米为宜，双手手指自然并拢，右手搭在左手上虎口相对，轻贴于腹部，不要挺腹或后仰。

③ 手后背式站姿。身体立直，抬头挺胸，下颌微收，双目平视，双脚平行分开，两脚之间距离不超过肩宽，一般以20厘米为宜，双手在身后交叉，右手搭在左手上，贴于臀部。

图3-3　男士标准式、前腹式、手后背式站姿

（2）女士站姿

女士站姿主要可分为标准式站姿、八字步站姿以及丁字步站姿，如图3-4所示。

①标准式站姿。头正颈直，双目平视，下颌微收，挺胸收腹，提髋立腰，两腿直立，双膝并拢，双脚并拢，两手在腹前交叉。

②八字步站姿。双脚跟并拢，脚尖展开45°左右，两手在腹前交叉，挺胸立腰，下颌微收，双目平视，头正颈直。

③丁字步站姿。右（左）脚向前将脚跟靠于左（右）脚内侧中间位置形成锐角，两手在腹前交叉，挺胸立腰，下颌微收，颈直，头部右（左）转双目平视正前方。

图3-4 女士标准式、八字步、丁字步站姿

（3）站姿的训练

训练站姿时要注意身体重心的位置，使身体正直，重心平衡，并能自然改变站立的姿势。注意两脚位置与两脚间的距离，并与手的位置和谐一致，使整个身体协调、自然。而且训练时要挺胸、收腹、立腰、收臀、身体重心上升，使躯体挺拔、向上。站立时面部表情要心情愉悦、精神饱满，通体充满活力，给人以感染力。具体训练有以下几种方法：

①顶书训练。把书本放在头顶中心，为使书不掉下来，头、躯体自然会保持平衡。此种训练方法可以纠正低头、仰脸、头歪、头晃及左顾右盼的毛病。

②背靠背训练。两人一组,背靠背站立,两人的头部、肩部、臀部、小腿、腿跟紧靠,并在两人的肩部、小腿部相靠处各放一张卡片,不能让其滑动或掉下。这种训练方法可使后脑、肩部、臀部、小腿、脚跟保持在一个水平面上,形成比较完美的后身影。

③对镜训练。面对镜面,检查自己的站姿及整体形象,看是否存在歪头、斜肩、含胸、驼背、弯腿等问题,如若发现问题要及时调整。

知识链接

站姿的注意事项

① 站立时,切忌东倒西歪、无精打采,或是懒散地倚靠在墙上、桌子上。
② 不要低着头、歪着脖子、含胸、端肩、驼背。
③ 不要将身体的重心明显地移到一侧,只用一条腿支撑着身体。
④ 身体不要下意识地做小动作,如抠鼻子、挠头等。
⑤ 在正式场合,不要将手叉在裤袋里面,切忌双手交叉抱在胸前,或是双手叉腰。
⑥ 男士双脚左右开立时,注意两脚之间的距离不可过大,不要挺腹翘臀。
⑦ 女士要注意双脚、双腿之间的幅度,且分开得越小越好,并拢最得体。
⑧ 不要两腿交叉站立。

2. 优雅的坐姿

坐,是一种静态造型。在职场中,优雅的坐姿传递着自信、友好、热情的信息,同时也展示出高雅庄重的良好风范。良好的坐姿可以预防近视,增强自信心。坐姿如果不正确,除了看起来没精神外,也容易腰酸背痛,甚至影响脊椎、压迫神经,最终影响身体健康。正确而优雅的坐姿是一种文明行为,它既能体现一个人的形态美,又能体现一个人的行为美。正确的坐姿要求是"坐如钟",即坐相要像钟一样端正。

(1)男士坐姿

男士坐姿主要可分为标准式坐姿、前伸式坐姿以及正身重叠式坐姿。

① 标准式坐姿。上身挺直,头正肩平,两手自然放在两腿或扶手上,双膝自然分开,分开距离小于肩宽,小腿90°垂直落于地面。

② 前伸式坐姿。在标准式坐姿的基础上,两腿前伸,双膝关节略微分开,双脚在踝关节处可交叉。

③ 正身重叠式坐姿。两腿重叠垂直于地面,上方腿小腿内收,脚尖向下,双手扶于扶手上或轻搭腿上。

(2)女士坐姿

女士坐姿主要可分为标准式坐姿、侧挂式坐姿以及屈直式坐姿,如图3-5所示。

① 标准式坐姿。上身挺直,头正肩平,两臂自然弯曲,两手交叉叠放在两腿中部,双膝并拢,小腿垂直于地面,两脚尖朝正前方。着裙装的女士在入座时要用双手将裙摆内拢,以防坐出褶皱或因裙子被打折而使腿部裸露过多。

② 侧挂式坐姿。两小腿向左前倾斜,左小腿后屈,脚绷直,脚掌内侧着地,将右脚提起挂在左脚踝关节处,双膝并拢,上身左转45°,立腰挺胸。

③ 屈直式坐姿。大腿与膝盖靠紧,一脚伸向前,另一脚屈回,两脚前脚掌着地并在一条直线上。

图3-5 女士标准式、侧挂式、屈直式坐姿

(3)坐姿的训练

在形体训练房或教室,准备一把高矮适中的椅子和一本书,穿着职业装,最好有镜子。

① 两人一组，面对面练习，指出对方的不足。

② 坐在镜子面前，按照坐姿的要领进行自我训练，重点检查手位、腿位、脚位。

③ 将书本放在头顶上，强化自身的坐姿要领，做到上身挺拔。同时可播放音乐以减轻疲劳。

知识链接

坐姿注意事项

① 入座时要轻而稳，走到座位前，转身后，轻稳地坐下。女子入座时，若是裙装，应用手将裙摆稍稍拢一下，不要坐下后再站起来整理衣服。

② 面带笑容，双目平视，嘴唇微闭，微收下颌。

③ 双肩平正放松，两臂自然弯曲放在膝上，也可放在椅子或沙发扶手上。

④ 至少坐满椅子的三分之二，脊背轻靠椅背。

⑤ 起立时，右脚向后收半步而后起立。

⑥ 谈话时，可以侧坐，此时上体与腿同时转向一侧。

第三讲　服饰设计：出色而不出位

案例呈现

一日，某酒店要招聘大堂经理，进入最终面试环节的是小李和小王，两人的能力、背景、成就等都十分相当，都是在酒店行业中非常优秀的女员工。面试当天，只见小李穿着迷你裙，露出雪白修长的大腿，上身是红色露脐装，穿着一双不太合脚的高跟鞋，涂着鲜红的唇膏，大步流星地走到面试官面前，不请自坐，随后还跷起了二郎腿。面试官眉头一皱，说："李小姐，请回去等通知吧！"过

礼仪与职业素养

了一会，小王敲门进来，只见她身穿得体的职业装，脚穿一双黑色中跟皮鞋，头发整齐地扎在脑后，脸上是优雅的淡妆，手腕上佩戴着一块银色腕表。看到小王后，面试官笑了笑说："王女士请坐，让我们开始面试吧。"

请问：

1．谁最后能通过面试成为大堂经理？

2．导致两人最终结果不同的关键因素是什么？

从古至今，可以说人类文明社会的发展历史，也是与其相随相伴相行的人类服饰的演变历史。服饰装扮从早期只为了御寒、蔽体，到现在发展成为"物美人美，物我同一"的艺术。人们对服饰美的追求已成为日常生活中不可缺少的、最重要的一部分，关注的人群越来越多，追求的层次也越来越高。可以说，哪里有生活，哪里就需要服饰美。

一、服装搭配——佛靠金装，人靠衣

服装搭配是指各种场合下的最佳服装搭配方案。适合的服装搭配可以增加美感，呈现修养，提升品位，帮助社交。通过巧妙搭配给人以美的形象刺激，带来生理上个体感官、精神和情感的愉悦，帮助人们发现美、欣赏美、创造美，进而帮助认识自我，愉悦自我，提升和完善自我形象。

（一）服装的分类

服装分类的方式有很多种，根据需求不同、场景不同或者人的生活习惯不同都有不同的分类。那么从礼仪的角度出发，可以把服装分为四大类：便服、礼服、工作服、正装。

1．便服

便服是指人们在日常生活中所穿的服装，相对于礼服、工作服而言会更加的舒适、便捷、方便、自然。比如，日常生活中所穿的牛仔裤、运动装、休闲装、睡衣等都为便服。

便服没有过多的讲究及搭配，一般以"整洁舒适"为基本原则，在此基础上根据场合等需求进行搭配。好的便服搭配不仅仅是带来舒适感，也能够给人以亲和力，使他人更愿意与你进一步交流。

2. 礼服

礼服是指在庄重的场合或举行仪式时穿的服装。对于女性而言，礼服以裙装为基本款式特征；对于男性而言，礼服的种类有燕尾服、平口式礼服、晨礼服、西装礼服、英乔礼服、韩版礼服等。

3. 工作服

工作服又称制服或职业服，是指用于工作场合的团体化制式服装，具有鲜明的系统性、科学性、功能性、象征性、识别性、美学性等特点。工作服的受众市场极其庞大，适用范围也非常广泛，不同的工作场合对工作服又都具有各自特有的规定性。

4. 正装

所谓正装，是指适用于严肃场合的正式服装，而非娱乐和居家环境的装束。

（1）男士正装

最常见的男士正装，是我们常常在白领们身上看到的"衬衫＋西装＋领带＋皮带＋西裤＋皮鞋"。实际上，在夏天只穿着衬衫和西裤也是正装的体现，立领的中山装也属于正装范畴。西装的穿着讲究场合，因为相应的氛围，能够表现出西装庄重的特点。

西装一般有正统西装和休闲西装之分，一般西装都要搭配领带，领带的颜色可以各式各样，还要搭配合适的西裤、皮鞋和皮带，这才是完美的西装搭配。在现代社会，对正统西装的穿着知识和色彩搭配，成为每一个男士是否具有成功人士素质的标志之一。而出色地把握穿西装之道，也成为提高文化品位和走向成功的阶梯之一。

日常生活和工作中，西装着装规范我们要注意如下的几个方面：

① 西装套装的上下装颜色应一致。在搭配上，西装、衬衫、领带其中应有两样为素色。

② 穿西装套装必须穿皮鞋，便鞋、布鞋和旅游鞋都不合适。

③ 配西装的衬衫颜色应与西装颜色协调，不能是同一色。白色衬衫配各种颜色的西装效果都不错。正式场合男士不宜穿色彩鲜艳的格子或花色衬衫。衬衫袖口应长出西装袖口1～2厘米。穿西装在正式、庄重的场合必须打领带，其他场

合则不一定。打领带时,衬衫领口扣子必须系好;不打领带时,衬衫领口扣子可解开。

④ 上衣口袋和裤子口袋里不宜放太多东西。穿西装时,内衣不要穿太多,春秋季节只配一件衬衫最好,冬季衬衫里面也不要穿棉毛衫,可在衬衫外面穿一件羊毛衫。穿得过分臃肿会破坏西装的整体线条美。

⑤ 领带的颜色、图案应与西装相协调,打领带时,领带的长度以触及皮带扣为宜,领带夹戴在衬衫第四、第五粒纽扣之间。

⑥ 西装袖口的商标牌应摘掉,否则不符合西装穿着规范,高雅场合会让人贻笑大方。

⑦ 注意西装的保养和存放的方式,这对西装的造型和穿用寿命影响很大。高档西装要吊挂在通风处并常晾晒,注意防虫与防潮。有皱褶时可挂在浴后的浴室里,利用蒸汽使皱褶展开,然后再挂在通风处。

知识链接

生活中最常见的领带打法

① 将领带交叉置于胸前且宽的一端在前,窄的一端在后。
② 将宽的一端从窄端后面绕过。
③ 将宽的一端在窄端前面折回。
④ 将宽的一端穿入领口位置形成的环中。
⑤ 将宽的一端翻下来,穿入前面的环中,拉紧并调整好领结的形状,这样就打好了一个完美的领带。

(2) 女士正装

女士正装一般以西装套装、套裙及连衣裙这三种为主,主要用于正式、严肃的场所使用,如上班、会议等。在选择着装时,需要注意以下几个方面:

① 款式。勿追求流行时尚,不能太过显眼,要穿着方便。除了正统的双扣西装,三扣西装也很受年轻人的欢迎。

②颜色。最好以单色、深色为主。藏青或者深灰色等素色西装最为合适，这两种颜色是正统的西装颜色，同时也会给面试官留下良好印象，深色也有比较衬肤色的优点。

③面料。一般选择纯天然质地的面料，毛纺、亚麻、真丝等，讲究平整、滑润、柔软、悬垂、挺括，而且应当不起皱、不起毛、不起球。

④尺寸。西装上身的长度应在胳膊自然下垂时，微微弯曲的手指第一、第二关节所到达的范围内。肩宽正好合身的话，整体的平衡感就能很好地体现出来。

西裤或裙子的腰围不要过紧，要留有手指可以伸进去的宽松度。裙子长度不要太短、太暴露，开衩也不能太高，否则稍一动作就会很尴尬。另外，袖管保持在遮住手腕的长度，会让西装看起来很棒。

知识链接

女士正装其他配件的选择

1. 衬衫

颜色可以是多种多样的，只要与套装相匹配就可以了。白色、黄白色和米色与大多数套装都能搭配。丝绸是最好的衬衫面料，但是干洗起来可能会贵一些。另一种选择就是纯棉，但要保证浆过并熨烫平整。

2. 内衣

确保内衣要合身，身体线条曲线流畅，既要穿得合适，又要注意内衣颜色不要外泄。

3. 袜子

女士穿裙子应当配长筒丝袜或连裤袜，颜色以肉色、黑色最为常见，不宜穿短袜。尤其要注意，女士不能在公众场合整理自己的长筒袜，而且袜口不能露在裙摆外边。带有图案的袜子容易吸引人的注意力，不宜搭配正装。应随身携带一双备用的透明丝袜，以防袜子拉丝。

4. 鞋

传统的皮鞋是最畅销的职业用鞋。它们穿着舒适，美观大方。建议鞋跟高度

为3～4厘米。正式的场合不要穿凉鞋、后跟用带系住的女鞋或露脚趾的鞋。鞋的颜色应与衣服下摆一致或再深一些。衣服从下摆开始到鞋的颜色一致，可以使大多数人显得高一些。

如果鞋是另一种颜色，人们的目光就会被吸引到脚上。推荐中性颜色的鞋，如黑色、藏青色、暗红色、灰色或灰褐色。不要穿红色、粉红色、玫瑰红色和黄色的鞋。

（二）服装搭配原则

一个人首先给人的第一印象是穿搭，然后才是脸，如果穿搭没有给人一种舒适的感觉，别人就不会多注意你的脸，更加不要谈内在美了。学会选择正确的、适合自己的服装，既要扬长避短，又要体现个人的风格，使人的整体形象达到自然和谐美，才能够给他人留下好的印象。服装搭配要遵从的原则主要有以下两点：

1．合适的才是对的

首先，每个人的体型、气质、风格不同，要根据个人情况，选择适合自己的服装，更主要的是穿出自己的个性。不要盲目赶时髦，最时髦的往往是最没有生命力的，更新的会比较快。俗话说，"世间没有两片完全相同的叶子"，不同的人由于年龄、性格、职业、文化素养等不同，自然就会有不同的气质，故服装选择既要符合个人气质要求，又要通过服装表现出自己的个性气质。所以，必须深入了解自我，让服装尽显自己的个性风采。

其次，服装的个性原则，归根到底也是一个美的原则，服装搭配技巧美的生命力就在于掩盖人们的缺点，尽显人们的优点。由于年龄的差异，从服装款式到色彩均有讲究。一般而言，年轻人可以穿得鲜亮、活泼随意些，而中年人相对应穿得庄重严谨些。年轻人穿着太老气就显得未老先衰没有朝气，相反，老年人如穿太花哨就被认为老来俏。

2．"三色原则"

所谓"三色原则"，是指全身上下的衣着，应当保持在三种色彩之内。在日常生活中，身上的服装应避免花花绿绿，这是最安全的搭配规则。以服装为中心，搭配相应款式和颜色的鞋子、包包和饰品。要注意整体搭配中，占主要面积的颜色尽量保持一致，装饰性图案、小碎花等不占主要面积的颜色不在此限制。

在搭配的时候，可以先选择一个主颜色作为搭配的"主旋律"。选定后再用其他一到两种颜色去呼应主颜色，起到和谐、自然以及画龙点睛的作用。

二、饰品搭配——锦上添花，好上加好

现代生活中，饰品与服装都是服饰概念的重要组成部分，作为服装最后的点缀，好的饰品可以让人焕然一新。饰品的佩戴也有传播信息的作用，能够表明主人的态度或想法，尤其在公关交际场合更应恰到好处地佩戴这些饰品。正确地进行饰品与着装之间的搭配，可以起到画龙点睛的作用。

（一）饰品佩戴概述

为了恰当地选择与佩戴饰品，佩戴者需要考虑自己的性别、年龄、容貌、职业、场合等众多因素。在饰品与佩戴者自身特征、服装的整体风格以及需要佩戴饰品的场合等具体的搭配中，应当充分利用视错原理，以便饰品与佩戴者的容貌更加吻合、更加协调。

（二）饰品分类

根据佩戴者的性别，饰品可分为女性饰品和男性饰品。女性饰品的特点是设计美观、做工精巧、色彩鲜艳并富有变化，其作用是使佩戴者的女性魅力更充分地表现出来。男性饰品的特点是线条明快、粗犷，设计大方，突出饰品材料的特点及价值。从饰品佩戴的动机来看，女性佩戴饰品主要是为了漂亮，而男性则更想突出自己的个性。据调查，目前男性佩戴饰品的动机主要有展示成就、表示独立个性、显示阳刚之气、取某种寓意、仿效自己所崇拜的人等。相对于男性饰品的单一，女性饰品的设计所受的局限极小，正如女性服装一样，可以不断地推陈出新，因此当今饰品世界仍是女性饰品占主导地位。

根据饰品的功能（饰品的佩戴部位），主要分为头饰、颈饰、手足饰三大类。

1. 头饰

头饰指戴在头上的饰物，可分为发饰和耳饰。与其他部位的饰品相比，头饰的装饰性最明显。头饰当中以女性头饰占大多数，其中，发饰包括发簪、发钗、

发夹、发套、发带等。发簪和发钗是我国古代女性的重要发饰。现代女性通常使用发针、发夹、发带、网扣等。耳饰是戴在耳垂上的饰物，是最能体现女性美的重要饰物之一。通过耳环的款式、长度和形状的正确运用，来调节人们的视觉，达到美化形象的目的。耳环样式变化多端，有带坠儿、方形、三角形、菱形、圆形、椭圆形、双股扭条圈、大圈套小圈等多种样式，颜色也多种多样，加上金、银、珠宝各种材料搭配相宜，使耳饰更加争奇斗艳。

2．颈饰

广义的颈饰是指在颈部佩戴的装饰物，如项链、项圈、丝带或丝巾等，狭义的颈饰则主要指项链。项链是用金、银、珠宝等制成的挂在颈上的链条形状的饰品，是人体的装饰品之一。项链除了具有装饰功能之外，有些还具有特殊显示作用，如佛弟子的念珠与天主教徒的十字架链。正式场合佩戴项链时，不要选用过分怪异的图形、文字的链坠，不要同时佩戴多条，也不要同时使用两个以上的链坠，此外，还应注意项链的特殊含义。

3．手足饰

手足饰是指戴在手和脚上的饰品，这类饰品主要有手镯、手链、戒指、脚链等。手镯是一种套在手腕上的环形饰品，按结构，一般可分为两种：一是封闭形圆环，以玉石材料为多；二是有端口或由数个链片组成，以金属材料居多。按制作材料与工艺，可分为金属类手镯、玉石类手镯、镶嵌手镯等。手镯的作用大体有两个方面：一是显示身份，突出个性；二是美化手臂。手镯一般佩戴在左手上，镶宝石手镯应贴在手腕上，不镶宝石的，可松松戴在腕部，只有成对的手镯才能左右腕同时佩戴。

戒指有着自己独特的语言，大拇指通常不戴戒指，其余四指戴戒指的寓意分别为：食指表示求爱或求婚；中指表示正在热恋中；无名指表示已婚；小拇指表示是单身或独身主义者。公关人员应该特别注意准确传递戒指的这种特定信息，不至于在公众面前"失手"。

（三）饰品佩戴礼仪

1．手表佩戴礼仪

有人说："手表不仅是男人的饰品，而且是男人最重要的饰品。"在西方国家，手表与钢笔、打火机曾一度被称为成年男士的"三件宝"。在社交场合，人们所戴的手表往往体现其地位、身份和财富状况。因此在人际交往中人们所戴的手表，尤其是男士所戴的手表，大都引人注目。选择手表，往往应注重以下几方面：

（1）功能

计时，是手表最主要的功能。因此，正式场合所戴的手表，不管是指针式、跳字式还是报时式，都应具有这一功能，并且应当精确到时、分，能精确到秒则更好。总之手表的功能要少而精，并要有实用价值。

（2）造型

手表的造型往往与其身价、档次有关。在正式场合所戴的手表，在造型方面应当庄重、保守，避免怪异、新潮。对于这一点，男士，尤其是位尊者、年长者，更要注意。造型新奇、花哨的手表，仅适用于青少年及儿童。一般而言，正圆形、椭圆形、正方形、长方形以及菱形手表，因其造型庄重、保守，适用范围极广，特别适合在正式场合佩戴。

2. 丝巾佩戴礼仪

丝巾是女士的钟爱，不管在什么场合，利用飘逸柔媚的丝巾稍作点缀，一下就能让你的穿着更有味道。挑选丝巾重点是丝巾的颜色、质地和垂坠感。可以用丝巾调节脸部气色，如红色系可映得面颊红润；或是突出整体打扮，如衣深巾浅、衣冷色巾暖色、衣素巾艳等。佩戴丝巾要注意，如果脸色偏黄，不宜选用深红、绿、蓝、黄色丝巾；脸色偏黑，不宜选用白色、有鲜艳大红图案的丝巾。丝巾不要放到洗衣机里洗，也不要用力搓揉和拧干，只要放入稀释的清洁剂中浸泡一两分钟，轻轻拧出多余水分再晾干就行了。

3. 腰带佩戴礼仪

男士的腰带一般比较单一，质地大多是皮革的，没有太多的装饰。穿西装时，都要佩戴腰带；而其他的服装（如运动、休闲服装）可以不佩戴。夏季穿衬衫把衬衫扎进裤子时，也要佩戴腰带。对于女士来说，腰带更多的是装饰作用，女士的腰带很丰富，质地有皮革的、编织物的、其他纺织品的等。

女士使用腰带要注意：一是要和服装的协调搭配，包括款式和颜色，穿西装套裙一般选择皮革或纺织的、花样较少的腰带，暗色服装不要配浅色的腰带。二

是要和体型搭配,个子过于瘦高,可以用较显眼的腰带。如果上身长下身短,可以适当提高腰带到比较合适的上下身比例线上,造成比较好的视觉效果;如果身体过于矮胖,就要避免使用大的、花样多的宽腰带。三是要和社交场合协调。职业场合不要用装饰太多的腰带,而要显得干净利落一些。参加晚宴、舞会时,腰带可以花哨些。

无论男女,使用腰带时,一定要注意:出门前看看你的腰带扎得是否合适,腰带有没有"异常",在公共场合或别人面前动腰带是不合适的。在进餐的时候,更不要当众松紧腰带,这样既不礼貌,也不雅观,如果必要,可以起身到洗手间去整理。

4.领带佩戴礼仪

男士的领带,相比其他的饰物,更能左右他人对自己身份、地位、个性及能力的观感。但在选择领带搭配西装时要有一定的技巧。领带的长度、种类很多,标准的长度是55英寸(1英寸约2.5厘米)或56英寸。适当的领带长度以领带的下部尖端恰好触及皮带为宜,不能多也不能少。领带的宽度也很重要。虽然到目前为止并无一定的规则,但基本上,领带的宽度应该与西装翻领的宽度,配合得十分和谐。目前,标准的领带宽度,是指领带末端最宽的地方,一般为4~4.5英寸。

领带的图案、颜色也有很多,最常见也是最实用的一种款式是单色领带。一条单色的领带,能够与任何款式的西装或衬衫搭配,无论是搭配花衬衫或大格子衬衫,或深色宽直条纹的各种西装,都能非常出色。单色的搭配因其简便、适应范围广而受到欢迎,如灰色西装,搭配浅蓝色或暗红色的领带。一套昂贵且做工及质料上乘的西装,配以单色领带,更能强调华美的质料与精巧的剪裁,给人一种整体美。

知识链接

饰品佩戴的其他注意事项

1.符合身份

饰品的作用就是装饰,但如果这种装饰给自己和别人带来不快,那美丽就无从谈起了。在商务交往中选戴饰品时，商务人员要使之与自己的身份相称，一般要讲究"三不戴"。首先，有碍于工作的饰品不戴，如果某些饰品会直接影响自己的正常工作，应尽量避免佩戴；其次，炫耀自己财力的饰品不戴，在工作场合佩戴过于名贵的饰品，难免给人招摇的感觉；最后，突出个人性别特征的饰品不戴，如胸针、耳环等，因为这样往往会突出佩戴者的特征，从而引起异性的过分注意，所以在工作场合最好不要戴。

2．男女有别

从某种方面讲，饰品一般都是女士佩戴的，男性通常不适合在正式场合佩戴过多的饰品，因此，女士在饰品方面往往有更多的选择，但应该注意以下几点：

（1）数量上，应以少为佳

在必要时，可以一件饰品也不佩戴。若有意同时佩戴多种饰品，其上限一般为三，即不应当超过三种。除耳环、手镯外，最好不要使佩戴的同类饰品超过一件。

（2）色彩上，应力求同色

若同时佩戴两件或两件以上饰品，应使其色彩一致。戴镶嵌饰品时，应使其主色调保持一致。千万不要使所戴的几种饰品色彩斑斓，把佩戴者打扮得像一棵"圣诞树"。

（3）质地上，应争取同质

若同时佩戴两件或两件以上的饰品，应使其质地相同。戴镶嵌饰品时，应使其被镶嵌物质地一致，托架也应力求一致。这样做的好处，是能令其总体上显得协调一致。另外还须注意，高档饰物，尤其是珠宝饰品，多适用于隆重的社交场合，但不适合在工作、休闲时佩戴。

（4）搭配上，应尽力协调

佩戴饰品，应视为服装整体上的一个环节，要兼顾同时穿着的服装的质地、色彩、款式，并努力使之在搭配、风格上相互匹配。

（5）习俗上，应遵守习俗

不同的地区、不同的民族，佩戴饰品的习惯做法多有不同，对此一是要了解，二是要尊重。如果佩戴饰品违反习俗，是非常失礼的行为。

由此可见，在较为正规的场合使用饰品，务必要遵守其使用应注意的礼仪。这样既能让饰品发挥应有的美化、装饰功能，又能合乎常规，在选择、搭配、使用之中不至于贻笑大方。

人际交往礼仪：人情练达即文章

模块四

学习目标

1. 了解各种会面礼仪的基本概念与规范，从而塑造良好的中职生交际形象。

2. 掌握在不同场合下称呼、介绍、握手礼仪，掌握书信、拨打电话、使用网络通信工具的礼仪要求，了解微笑礼仪等其他日常社交礼仪。

3. 在生活场景能熟练运用日常社交礼仪的技巧，培养与日常社交礼仪相关的问题分析与方案决策能力，提高中职生的日常社交礼仪素养。

第一讲　会面交往：礼仪为形象加分

一、称呼——不容小视的细节

狐狸和狼

狐狸和狼想跟母鸡要颗鸡蛋，它们决定分头行动，看谁能够成功。狼一马当先地冲到母鸡家里："母鸡！你的鸡蛋给我一颗，你那么勤奋，那么勤劳，那么善

良，一定会帮我这个忙的，对不对？"母鸡冷冷地看着狼："别做梦了！我怎么可能给你鸡蛋，快走吧！"狐狸来了，他亲热地说："鸡妈妈，您能帮我一个忙吗？我需要一颗鸡蛋！"母鸡想了想，就给了狐狸一颗鸡蛋。狼跳出来说："不公平！我说的甜言蜜语比它还多！"母鸡冷笑着说："至少狐狸还懂得叫我一声鸡妈妈！"

请问：这个故事告诉了我们什么呢？

称呼，通常是指人际交往中使用的称谓。人们往往对初次见面的称呼十分敏感，恰当地使用称呼，是交往顺利进行的第一步，可以有效地拉近双方的距离；不恰当的称呼，则会引起双方的不快，使双方陷入一种尴尬的境地。所以，对他人的称呼不能疏忽大意、随意使用。那么，在日常生活中，怎样称呼才恰当呢？在称呼时又有哪些注意事项和技巧？

（一）生活中的称呼

在日常生活中，称呼的要求是亲切、自然、准确、合理，切莫马虎大意、肆意为之。人们在生活中常用的称呼，具体有以下几种：

1．对亲属的称呼

亲属，即与本人直接或间接拥有血缘关系者。在日常生活中，一般有对长辈和平辈的称呼之分。对长辈应以亲属称呼相称，如爷爷、奶奶、爸爸、妈妈、姑姑、舅舅等。称呼长辈的姓名、职务、身份、职业等都是不礼貌的。对平辈，可相互用亲属称呼或加排行序列称呼相称，如哥哥、妹妹、弟弟、二哥、三妹等。

2．对朋友、熟人的称呼

称呼朋友、熟人时，既要亲切、友善，又要不失敬意。大体上应区分下列三种情况：

（1）敬称

对任何朋友、熟人，都可以用人称代词"你""您"；对长辈、平辈，宜称其为"您"；对晚辈，则可称为"你"。以"您"称呼他人，通常是为了表示自己的恭敬之意。

（2）姓名的称呼

平辈的朋友、熟人，均可彼此以姓名相称，如"李静""朱一凡""郑秋芬"。

长辈对晚辈也可以这么做，但晚辈对长辈却不可如此。

（3）亲近的称呼

对于邻居、长辈，有时可采用"大爷""大娘""大妈""大伯""大叔""大婶"等类似血缘关系的称呼。这种称呼，会令人感到信任、亲切。

3．对陌生人的称呼

对陌生人的称呼，一般来说可以用以下两种方法：

（1）通称

可根据人的具体年龄、性别、职业等情况称"同志""朋友""师傅""先生""小姐"等。对男人一般可以称"先生"，未婚女子称"小姐"，已婚女子称"夫人"或"太太"，若已婚女子年龄不是太大，叫"小姐"，对方也绝不会反感。而称未婚女子为"夫人"就是极不尊重了。所以，宁可把"太太""夫人"称作"小姐"，也绝不要冒失地称对方为"夫人""太太"。一般说成年的女子都可称"女士"。

（2）亲属称呼相称

可根据对方的性别、年龄等情况，以父辈、祖辈、平辈的亲属称呼相称，如"大伯""阿姨""老爷爷""大娘""大嫂""大姐"等。称呼对方"大嫂"还是"大姐"时，必须谨慎从事，因为对方婚否不好确定，在没有把握的情况下，称"大姐"比较稳妥。

（二）称呼的注意事项

1．注意特殊姓氏的称呼

在生活中，要注意特殊姓氏作为称呼时，避免误读或误会。例如复姓"欧阳"，不能误会为"欧"先生，应当称呼为"欧阳"先生；"查"作为姓氏时，读音为"zha"第一声，而不能误读为"cha"第二声。因此，为了避免此类情况的发生，对于不认识的字，事先要有所准备。如果临时遇到，我们要虚心请教，比如可以说："先生，您的姓氏很特别，请问应该怎么称呼？"，等等，千万不要不懂装懂。

2．忌用绰号作为称呼

不论社交场合，还是在日常交往中，使用绰号都是非常不礼貌的行为，尤其

注意"绰号"与"昵称"之间的尺度，如胖子、瘦子、矮子等词都不能随意用来称呼别人。

3. 忌用歧视性的称呼

在现代社会里，人与人之间的关系是平等的。因此，在称呼他人时，切勿居高临下、歧视对方，不允许随意以称呼去贬低对方，更不能在称呼中显示出对对方职业、地域、宗教或者生理、性别、年纪、肤色等方面的歧视。

4. 注意称呼的语音禁忌

我们经常会遇到一些姓氏，当和具体职务的语音搭配时，会产生一些歧义。如"富总"，"富总"其实不是副总经理，而是姓富的总经理。那么该怎么称呼呢？最好的方法就是直接称呼其职务："总经理"，如在非常正式的场合，可以用全名加职务，称呼为富某某总经理。

称呼的小技巧

1. 主动介绍自己，以换取对方的信息

在社交场合中，如果碰到你想认识的人，你可以主动介绍自己，然后询问对方："请问该如何称呼您？"但需要注意的是，在介绍自己的时候，你一定要告诉对方，你希望对方称呼的方式。比如"我是某某学校的刘某某老师，你可以叫我某某老师。"这样的话，就可以减少别人称呼你为刘老师或者小刘之类你不喜欢的称呼。

2. 先向朋友打听，再与对方进行交流

在有些场合，直接上前自我介绍可能有些仓促，所以我们也可以先向周围熟悉的朋友打听一下。比如"那位穿白色裙子的女生是谁？"在了解情况后，再过去和对方打招呼。

3. 根据对象、场合的不同，灵活恰当地称呼对方

在正式的社交场合中，过分亲密或者生疏的称呼都是不合适的，对于已经多次见面相识的朋友，你不能一直称其全称。对于中国公司的外国同事，你可以直

接称呼他的名字。但是对于中国的同事，用名字称呼一定要谨慎，建议不要用名字称呼你的上级或长辈。

4．想方设法记住对方的名字

美国前总统富兰克林·罗斯福认为，记住别人的名字，是一个最简单、最有效，也是最实用的取得别人好感的方法。因为每个人都会对自己的名字感到骄傲，别人记住你的名字，你会感到他对你的尊重，反过来你如果记住别人的名字，也会收到同样的效果。所以想要对方喜欢你，请先记对方的名字，因为那是多种语言中最甜蜜、最重要的声音。

二、介绍——迅速融入新环境

案例呈现

小秦同学想在学校举办的新生才艺大赛的选拔赛上好好表现自己，却苦于不懂如何设计一个让人留下好印象的自我介绍。小美同学是学校学生会主席，在向老师介绍自己或学弟、学妹的时候总是落落大方，收放自如，因此受到了老师和同学们的喜爱。

请问：如何设计自我介绍，可以受到老师和同学们的喜爱呢？

介绍，一般指的是在人际交往中为使交往对象彼此有所了解而进行的说明。在日常会面交往中，互相不认识的人唯有通过介绍才能够彼此认识，进而建立关系。所以说，介绍是人际沟通的出发点。在日常交往礼仪中，我们常见的有自我介绍和介绍他人，但它们在礼仪规范方面各自又有一些不同的规定。那么我们应该怎么介绍自己和他人呢？

（一）自我介绍

自我介绍，是在必要的社交场合，由自己担任介绍的主角，自己将自己介绍给其他人，以使对方认识自己。例如在社交场合中，自己想认识某人却无人引见的情况下，即可自己充当自己的介绍人，主动将自己介绍给对方。通常需要做自我介绍的情况有以下几种：

第一，遇到你想结识的人，而又找不到适当的人介绍。这时自我介绍应该谦逊、简明，把对对方的敬慕之情真诚地表达出来。

第二，电话约某人，但是又从未与这个人见过面。这时要向对方介绍自己的基本情况，还要简略谈一下要约见对方的理由。

第三，演讲前。这时面对听众做自我介绍，最好既简明扼要，又要有特色，利用"首因效应"给听众一个良好的印象。

第四，求职应聘、参加竞选。这时的自我介绍应该提前做好准备。

不论采取何种类型的自我介绍，应注意以下问题：

1．注意时间和时机

自我介绍要简明扼要，尽可能地节约时间，以半分钟左右为佳，不宜超过一分钟。不可漫无边际地信口开河、长篇大论，这样做不但没有必要，而且往往会给人以华而不实的印象。自我介绍应当选择合适的时机，通常要先向对方点头致意，得到对方回应后，再向对方做自我介绍。并且选择在对方有兴趣、有要求、心情好、干扰少和初次见面时，进行自我介绍。

2．注意内容和方法

确定进行自我介绍的内容，应该兼顾实际需求、所处场景，并且要有鲜明的针对性。应当根据具体情况在介绍内容上有所区别。就其具体内容而论，介绍自己可以分成以下三种：

第一，应酬式。这种方式最为简洁，往往只包括姓名一项即可。如"你好，我叫某某。"有时可以对自己的姓名的写法进行解释，如"我姓张，弓长张。"

第二，交流式。这种方式更详细，除了介绍自己的姓名以外，还大体需要介绍自己的工作、学习经历以及交往对象的某些熟人的关系与对象相同的兴趣爱好等。如："你好，我叫某某，从事某种工作。我是某某的同学，我和你一样都喜欢跑步。"

第三，问答式。这种方式适用于应试、应聘和公务交往。即根据对方提出的具体问题来选择自我介绍的基本内容，对对方有问必答，问什么就答什么。如："女士，你好，请问怎么称呼你？""先生你好，我叫某某。"

上述三种自我介绍，各有其适用的场合。应酬式，适用于泛泛之交；交流式，适用于面对意欲结交之人；问答式，则主要适用于自我介绍时兼以答复他人的询问。

3. 注意态度和举止

自我介绍，态度应该坦诚、友善、随和、自然，要在恰当的场合进行自我介绍。如果你态度坦诚，对方也会坦诚。举止要大方得体、彬彬有礼，不可唯唯诺诺，也不能一副随随便便、满不在乎的样子，应该面带微笑、热情友好。向他人介绍自己时，可将右手置于自己的左胸上，这是自信的表示。

（二）介绍他人

在社交场合，介绍与被介绍起着至关重要的作用。通过介绍，陌生人得以相识，新一轮的友谊又开始了。介绍他人，又称为"第三方介绍"，是为彼此不相识的双方引见、介绍的一种交际方式。他人的介绍通常是双向的，即对被介绍的双方各自做一次介绍。有时也会进行单项的他人介绍，即只将被介绍的一方介绍给另一方。

1. 了解介绍的顺序

为他人做介绍时，首先要遵循"尊者优先了解情况"的原则，即在为他人做介绍前，先要确认双方地位的尊卑，然后先介绍位卑者，后介绍位尊者。这样可以使位尊者优先了解位卑者的情况，以便在交际中掌握主动权。所以应该确保位尊之人拥有"优先知情权"。根据这些规则，为他人做介绍时，可参考以下介绍顺序：将职位低者介绍给职位高者、将晚辈介绍给长辈、将个人介绍给团体、将客人介绍给主人、将男士介绍给女士、将未婚者介绍给已婚者。

为他人做介绍的礼仪

在社交场合，究竟应当采用哪种方式为他人介绍，还是需要介绍人自己动一动脑筋，去具体问题具体分析。比如，有时可能会遇到一些难以按常规处理的情况，如需要介绍两位地位不相上下的经理先生或是两位经理夫人相识。对前者，不能按照"把职位低者介绍给职位高者"的惯例行事，因为两位经理先生的职位

礼仪与职业素养

高低难分伯仲；对后者，恐怕也不能按照"把晚辈介绍给长辈"的规矩去做，因为女士的年龄属于个人秘密。在这种职位难分高下、年龄大小不便明说的情况下，只有采取"先温后火"或"先亲后疏"的办法，才能"过关"。"先温后火"意即把脾气好的一方介绍给脾气欠佳的一方；"先亲后疏"意即把与自己关系密切的一方介绍给自己较为生疏的一方。还有一些时候，需要把其他众多的在场者介绍给一个人。此刻，最好按照一定的次序，如从最尊者开始按照顺时针方向或逆时针方向自右至左或自左至右依次进行。

2．注意介绍时的细节

在社交活动中，东道主、长者、家庭聚会的女主人、专职人员，在正式活动中，地位、身份较高者或主要负责人，熟悉双方者，指定介绍者，都可以适宜地为他人进行介绍。在进行介绍时，介绍者与被介绍者都要注意一些细节。

（1）正确的介绍姿势

做介绍时，介绍姿势是否正确关系着个人的礼貌素养。介绍者应该站立，走到被介绍者之间。在介绍一方时，应微笑着通过自己的视线将另一方的注意力吸引过来。手的正确姿势是：手指相互并拢，掌心朝上，胳膊应稍微向外伸，缓缓指向被介绍者。作为介绍者，在为他人做介绍时，态度要诚恳热情、认真踏实，不能敷衍了事，也不能用手胡乱指点被介绍者。

（2）正确的介绍用语

介绍者在为他人做介绍时，语言要简练，内容要简单，还要学会使用敬辞。比如"刘先生，我来介绍一下，这位是……"或看"张女士，请允许我向您介绍一下……"等。如果时间宽裕、气氛融洽，在为被介绍者做介绍时，除介绍姓名、单位、现任职务和与自己相关的一些事情之外，还应该介绍双方的爱好、学历、特长、荣誉等各方面情况，作为双方交谈的条件。介绍时，语言的使用不能厚此薄彼。另外，在做介绍时，应考虑被介绍者双方内心有没有相识的必要与愿望，可以事先询问被介绍者的意见，以防为自己带来尴尬。

（3）正确的介绍姿态

被介绍者在被介绍别人时，应保持站立，用柔和、真诚、专注的目光平视对方，随着介绍者的介绍，与对方热情握手，并频频点头致意，然后用一些表示问候和态度真诚的语言来博得对方的好感。

（4）征求双方的意见

介绍者为被介绍者做介绍之前，要先征求双方或被介绍者的意见。被介绍者在介绍者询问自己是否有意认识对方时，要欣然表示接受，如果实在不愿意，应向介绍者说明缘由，取得谅解。

（5）回应

当介绍者走上前来，为被介绍者进行介绍时，被介绍者双方均应起身站立，面带微笑，大方地目视介绍者。女士、长者有时可以不用站起。宴会、谈判会，略略欠身致意即可。

（6）握手

介绍者介绍完毕，被介绍者双方应依照合乎礼仪的顺序进行握手，并且彼此使用"您好，很高兴认识您""久仰大名""幸会"等语句问候对方，不要心不在焉，要用心记住对方的名字以免造成尴尬。

（7）面对失误

如果在介绍过程中有个别失误，不要回避，自然、幽默地及时更正，是明智的表现。

三、握手——建立联系的第一次触碰

案例呈现

俄罗斯大文豪屠格涅夫是一个有善心的人。有一天他在散步，一个乞丐向他讨钱，但是他摸摸口袋发现自己没有带钱。看见乞丐的手举得高高的，感觉很不好意思。只好握着乞丐的手说："对不起，我忘记带钱出来了。"乞丐笑了，含着泪说："不，我宁愿接受您的握手。"

请问：为什么乞丐觉得握手比金钱更重要呢？握手礼是怎么来的呢？

（一）握手礼的起源及含义

关于握手礼的起源有两种说法：

说法一：战争期间，骑士们都穿盔甲，除两只眼睛外，全身都包裹在铁甲里，

随时准备冲向敌人。如果表示友好，互相走近时就脱去右手的甲胄，伸出右手，表示没有武器，互相握手示好。后来，这种友好的表示方式流传到民间，就成了握手礼。当今行握手礼也都是不戴手套，朋友或互不相识的人初识、再见时，先脱去手套，才能施握手礼，以示对对方尊重。

说法二：握手礼来源于原始社会。早在远古时代，人们以狩猎为生，如果遇到素不相识的人，为了表示友好，就赶紧扔掉手里的打猎工具，并且摊开手掌让对方看看，示意手里没有藏东西。后来，这个动作被武士们效仿，他们为了表示友谊，不再互相争斗，就互相摸一下对方的手掌，表示手中没有武器。随着时代的变迁，这个动作就逐渐形成了现在的握手礼。

现代握手礼通常是先打招呼，然后相互握手，同时寒暄致意。握手礼流行于许多国家，是交往时最常见的一种见面、离别、祝贺或致谢的礼节。

（二）握手的场合

在以下几种具体场合，人们往往需要彼此握手：

① 遇到较长时间未曾谋面的熟人，应与其握手，以示为久别重逢而万分欣喜。

② 在比较正式的场合同相识之人道别，应与之握手，以示自己的惜别之意和希望对方珍重之心。

③ 在家中、办公室里以及其他一切以本人作为东道主的社交场合，迎接或送别来访者时，应与对方握手，以示欢迎或欢送。

④ 拜访他人之后，在辞行时，应与对方握手，以示"再会"。

⑤ 被介绍给不相识者时，应与之握手，以示自己乐于结识对方，并为此深感荣幸。

⑥ 在社交场合，偶然遇上了同事、同学、朋友、邻居、长辈或上司时，应与之握手，以示高兴与问候。

⑦ 他人给予了自己一定的支持、鼓励或帮助时，应与之握手，以示衷心感激。

⑧ 向他人表示恭喜、祝贺时，如祝贺生日、结婚、生子、晋升、升学、乔迁、事业成功或获得荣誉、嘉奖时，应与之握手，以示贺喜之诚意。

⑨他人向自己表示恭喜、祝贺时，应与之握手，以示谢意。

⑩向他人表示理解、支持、肯定时，应与之握手，以示真心实意，全心全意。

⑪应邀参与社交活动，如宴会、舞会之后，应与主人握手，以示谢意。

⑫当重要的社交活动如宴会、舞会、沙龙、生日晚会开始前与结束时，主人应与来宾握手，以示欢迎与道别。

⑬得悉他人患病、失恋、失业、降职、遭受其他挫折或其家人过世时，应与之握手，以示慰问。

⑭他人向自己赠送礼品或颁发奖品时，应与之握手，以示感谢。

⑮向他人赠送礼品或颁发奖品时，应与之握手，以示郑重其事。

（三）握手的方式

握手的标准方式是：行礼时行至距握手对象约一米处，双腿立正，上身略向前倾，伸出右手，四指并拢，拇指张开与对方相握。握手时，应用力适度，上下稍许晃动三四次，随后松开手来，恢复原状。具体来说，握手时应加以注意的问题有：

1．神态

与人握手时，理当神态专注、热情、友好、自然。在正常的情况下，与人握手时，应面含笑意，目视对方双眼，并且口道问候。在握手时，切勿显得自己三心二意、敷衍了事、漫不经心、傲慢冷淡。如果在此时迟迟不握他人早已伸出的手，或是一边握手，一边东张西望、目中无人，甚至忙于跟其他人打招呼，都是极不礼貌的。

2．姿势

向他人行握手礼时，只要有可能，就应起身站立。除非是长辈或女士，否则坐着与人握手是不合适的。握手时，双方彼此之间的最佳距离为一米左右，因此双方均应主动地向对方靠拢。若双方握手时距离过大，就会显得像是一方有意讨好或冷落一方；若双方握手时距离过小，手臂难以伸直，也不大好看。握手时最好的做法，是双方将要相握的右手各向侧下方伸出，伸直相握后相互形成一个直角。

3．手位

在握手时，手的位置至关重要。常见的手位有以下两种：

（1）单手相握

单手相握，即以右手单手与人相握，这是最常用的握手方式。简而言之，单手与人相握时，手掌垂直于地面则最为适当。这被称为"平等式握手"，表示自己不卑不亢的态度。与人握手时掌心向上，表示自己谦恭、谨慎，这一方式叫作"友善式握手"。与人握手时掌心向下，则表示自己感觉甚佳、自高自大，这一方式叫作"控制式握手"，此种方式，往往最不可取。

（2）双手相握

双手相握，即用右手握住对方右手后，再以左手握住对方右手的手背。这种方式，适用于亲朋故旧之间，可用以表达自己的深厚情意。一般而言，此种方式的握手不适用于初识者或异性，因为它有可能被理解为讨好或失态。这一方式，有时亦称"手套式握手"。双手相握时，左手除握住对方右手手背外，还有人以之握住对方右手手腕、握住对方右手手臂、按住或拥住对方右肩。此类做法若非面对至交，最好不要滥用。

4．力度

与人握手时，为了向交往对象表示热情友好，应当稍许用力，大致握力以在2千克左右为宜。与亲朋故旧握手时，所用的力量可以稍微大一些；与异性以及初次相识者握手时，则千万不可用力过猛。总之，在与人握手时，不可以毫不用力，不然就会使对方感到缺乏热情与朝气。但也不宜矫枉过正，要是在握手时拼命用力，不将对方握得龇牙咧嘴不肯罢休，则难免有示威或挑衅之嫌。

5．时间

在普通情况下，与他人握手的时间不宜过短或过长。大体来讲，握手的全部时间应控制在3秒钟以内，握上一两下即可。若握手时两手稍触即分，时间过短，好似在走过场，又像是对对方怀有戒意。而与他人握手时间过久，尤其是拉住异性或初次见面者的手长久不放，则显得有些虚情假意，甚至会有"占便宜"之嫌。

（四）握手的注意事项

1. 不宜以手插兜

与他人握手时，另外一只手不仅应当空着，而且还应当令其自然垂放身体一侧。若将其插入衣兜之内，就会被认为有失礼仪。

2. 不宜掌心向下

伸出右手与人握手时，假如掌心向下，通常会给人以居高临下的感觉；如果掌心垂直于地面，则表示待人平等。

3. 不宜滥用双手

只有在亲朋故旧相见时，才可以用双手与对方相握。与初见之人握手时，尤其当对方为异性时，以双手与其相握显然是不合适的。

4. 不宜推拉抖动

与别人握手时，动作与幅度应当适度。既没有必要握着对方的手推过去、拉回来，也没有必要握着对方的手反复抖动不止。

5. 不宜戴着墨镜

戴着墨镜与别人打交道，通常被视为暗含与对方"拉开距离"之意。只有患有眼疾或眼部有缺陷者，方可例外。

6. 不宜面无表情

切莫与人握手时不置一词，好像根本无视对方的存在，而纯粹是为了应付。

实训　综合实训操作——握手、称呼、介绍礼仪

（1）实训目标

训练学生掌握称呼礼仪、握手礼仪与介绍礼仪的基本规范与技巧，熟悉相关注意事项。

（2）实训内容

对不同身份、年龄及场合中的人的称呼礼仪训练。学生自主设计握手礼仪与

介绍礼仪的会面场景，训练基本握手姿势与顺序，训练自我介绍、他人介绍的礼仪规范，训练过程中说明相关礼仪的注意事项，教师检查并纠正。

（3）组织形式

学生分组练习后，按照打擂台的形式，看哪组说出来的称呼最多，结合称呼礼仪看哪组演示的握手与介绍礼仪最规范，最后由老师做出总结。

（4）实训方式（见表4-1）

表4-1　实训方式

类别	操作方法	训练时间/分钟	道具	学生自评	学生互评
称呼礼仪、握手礼仪、介绍礼仪	1. 学生自行设计几种会面场景（如颁奖典礼、休闲娱乐、非正式的会议等），要求涉及不同身份、年龄与场合，分角色扮演。 2. 分别演示并解说正确礼仪与错误礼仪	15	根据礼仪情境准备		
注：称呼礼仪、介绍礼仪、握手礼仪三者需结合操作					

（5）实训考核（见表4-2）

表4-2　实训考核

类别	考核要求	教师评价
称呼礼仪	1. 场景设置是否合理。 2. 称呼是否规范。 3. 称呼时体态语与表情语是否到位	
介绍礼仪	1. 自我介绍的顺序是否正确。 2. 自我介绍的方式是否到位。 3. 自我介绍的内容是否到位、用语是否准确。 4. 自我介绍的时机是否把握准确。 5. 为他人介绍的顺序是否正确。 6. 为他人介绍的内容是否到位、用语是否准确。 7. 介绍时的体态语与表情语是否到位	
握手礼仪	1. 握手的姿势是否正确。 2. 不同场合的握手顺序是否正确。 3. 握手的时机是否把握准确。 4. 握手时的体态语与表情语是否到位	

第二讲　通信联络：跨越时空的交流

通信联络在社交礼仪中，是指人和人不是面对面地进行社会交往，而是通过一些媒介，如书信、电话、网络等来进行社会交往的联络。在社交礼仪中，人们知道人和人之间社交礼仪的重要性，而往往容易忽略通过媒介交往时的社交礼仪。例如，学生在给老师发新年问候短信时，留名的缺失。因此，掌握基本通联礼仪，不但能避免出现错误的通联问题，更能展现中职生的礼仪修养。下面将详细讲解书信礼仪、电话礼仪和网络礼仪的基本礼仪规范。

一、书信礼仪——不能遗忘的文化

案例呈现

书信已经有几千年的历史，在写信的年代，人们没有料到会出现一种叫微信的工具，可以发短信、语音，还可以视频。现如今，与多年未见的同学、朋友也只是在朋友圈点赞、评论，其他很少有联系，邮件也是很久没有写了。近期，看了《见字如面》这档节目，节目中读的书信，有写给朋友、亲人、爱人的，也有写给自己的。因为是书信，所以内容都是私密的，文字也不见得多精彩，能打动人的，就是字里行间流露出来的真挚情感。电话、微信，这些直接甚至是面对面的方式，也许更容易吐露自己的情绪和发现对方的情绪，但比起表达内心深处的情感，书信是不是更胜一筹呢？

请问：书信的意义是什么？

在我国的传统文化中，书信是一个极具代表性的文化形式，也是体现个人文化修养的具体方式。掌握好书信的写作法则和通信技巧可以更好地进行沟通交流、情感传递，应当更多地予以关注。

礼仪与职业素养

（一）书信格式

书信格式，是指书信的写作法则和布局结构。任何一封正式的书信，要想发挥功效，并且以礼敬人，就必须在格式上中规中矩。一般而言，每封书信都是由信文与封文两大部分组成。两者在格式上的要求各有不同，都需要遵循一定章法。

1．信文

信文是一封书信之中的主体，也是发信人写作与收信人阅读的重点。从格式上看，一封正式书信的信文，大体上都由三部分构成，分别是前段、中段和后段。三者必须一应俱全，缺一不可。

（1）信文的前段

信文的前段，也就是信文的起始部分。具体而言，它又是由以下两个部分所组成的：

第一，对收信人的具体称呼，也被叫作称谓语。确定对收信人的称呼时，应兼顾其性别、年龄、职业、身份以及双方关系，千万不要草率从事。

第二，对收信人所进行的问候，也被叫作问候语。这一部分通常不允许省去。

根据惯例，信文前段的第一部分应在信笺第一行顶格书写，而第二部分则须写在信笺第二行上，并且还要在开头空两格。

（2）信文的中段

信文的中段，又叫信文的正文。实际上，这一部分才是书信的核心内容之所在。通常而言，正文应紧接着写在问候语后面，并要另起一段书写。头一行要空出前两格，此后转行顶格书写。根据实际需求，正文可以分作数段。每段第一行都需要空出前两格，此后转行顶格。在一般情况下，凡正文中每讲一件事情，原则上都应当另起一段，以便层次清晰，让收信人能够一目了然。

（3）信文的后段

信文的后段，又叫信文的结尾。它位于正文之后，属于信文的结束部分。只有写好这一部分，使"尾声"完美无缺，才会使信文有头有尾、有始有终。

在一般情况下，信文的后段由以下五个部分构成：

第一，结束语。它是专门写在信尾的应酬话和按惯例所用的谦词、敬语。其目的是为了呼应正文，宣布"到此为止"。该部分可自成一段书写，也可以紧接着正文的最后一段书写，不再独立分段。

第二，祝福语。它是对收信人所表达的良好祝愿，有时又叫祝词。通常它应采用专门的习惯用语，并分成两行书写。写在头一行的部分，要空出前两格，写在后一行的部分，则应顶格而写。

第三，落款语。它一般又分为自称、署名、日期三个部分。自称与署名，可在祝福语之后另起一行书写。需要注意：横写信文时，这一内容要偏右写；竖写信文时，则须使之偏下。日期的部分，可与署名写在同一行，并位于其后。有时亦可另起一行，写于自称与署名的正下方。

第四，附问语。所谓附问语，指的是发信人附带问候收信人身边的亲友，或者是代替自己身边的亲友问候收信人及其身边的亲友的语言。附问语应另行书写。其具体位置，可以是在结束语之前，也可写在落款语后面。

第五，补述语。它又叫附言，指的是信文写完之后，还有必要补充的内容，但它最好不要出现。有必要写上这一部分时，要以"又及："或"又启："开头，独立成段，书写在信尾的最后。千万不要将其胡乱穿插，到处乱写。

需要强调的一点是，按照国内现行的惯例，信文均应横写。在没有必要时竖写信文，未免会给人以"舞文弄墨"之感。万一有必要竖写信文，最好选用竖式信封与之相配套，务必不要使二者出现一横一竖的不般配组合。

2．封文

封文，即在信封上所写的文字。按照标准书写封文，至少有三大好处：其一，能够保证书信准确无误地到达收信人手中；其二，能够直观地反映发信人的文化素养；其三，能够体现发信人对传递信件者的尊重程度。

在一般情况下，国内以中文书写的信封多为横式。在横式信封上所出现的封文，大致上由下述三个部分组成。

（1）收信人的地址

收信人的地址，应书写在横式信封的左上方。如有必要，可将其分作两行书写。在其左上角，按规定还应写明收信人所在地址的邮政编码。邮政编码是绝对不可缺少的。

（2）收信人的称谓

收信人的称谓，通常应在横式信封的正中央书写。通常，它又可分为三个组

成部分：第一，收信人姓名；第二，供传递信件者对收信人所使用的称呼；第三，专用的启封词，如"收""启"，等等。后两个部分的内容，有时可以省略。

（3）发信人的落款

该部分一般位于横式信封的右下方。具体而言，它又被分作四个小的组成部分：第一，发信人地址；第二，发信人姓名；第三，用来表示敬意的缄封词，如"缄""谨缄"等；第四，发信人所在地址的邮政编码。

在上述四者之中，前三个部分可写成一行，其中第三个部分还可以略去不写。而第四个部分则应独立成行，写在横式信封右侧的最下方。

（二）注意事项

在写信时，写信人所应注意的主要问题是，要尽可能地使书信礼貌（Courtesy）、完整（Complete）、清楚（Clear）、正确（Correct）、简洁（Concise）。因为以上这5个单词在英文里均以英文字母"C"开头，故而它们又被叫作写信的"5C原则"。

1．礼貌（Courtesy）

写信人在写信时，要像真正面对收信人一样，以必要的礼貌，去向对方表达自己的恭敬之意。其中的一个重要做法，就是要尽量多使用谦词与敬语。例如，在信文前段称呼收信人时，可使用诸如"尊敬的""敬爱的"一类提称词。对对方的问候必不可少，对对方亲友亦应依礼致意。在信文后段，还应使用规范的祝福语，等等。

2．完整（Complete）

在写信时，为了避免传递错误信息，必须使书信的基本内容按部就班、完整无缺。例如，在信文中提到收到对方来信，或是在末尾落款时必须准确到具体日期。一般要求写明几月几日，必要时还须写明何年何月何日何时。

在书写封文时，对方的邮编不可缺少。此外，在书写收信人及发信人地址时，要力求其完整，而不宜采用简称。唯有如此，方能确保书信被及时送达，或是因故被退还时不至于丢失。

3．清楚（Clear）

书写信函时，必须使之清晰可辨。要做到这一点，应注意以下四点：

第一，字迹应当清清楚楚，切勿潦草不堪、乱涂乱改。

第二，要选择耐折、耐磨、吸墨、不洇、不残、不破的信笺、信封，切勿对其不加选择、随意乱用。

第三，要选用字迹清楚的笔具与墨水。在任何时候，都不要用铅笔、圆珠笔、水彩笔写信，红色、紫色、绿色、纯蓝色等色彩的墨水也最好别用。

第四，在书信里叙事表意时，必须层次明确、条理清晰、有头有尾。切勿天马行空、不知所云。

4．正确（Correct）

在写信时，不论称呼、叙事，还是遣词、造句，都必须认真做到正确无误。在信中，千万不要出现错字、别字、漏字、代用字或自造字，也不要为了省事，而用汉语拼音或外文替代不会写的字。在书写收信人姓名、地址、职务以及尊称时，不应出现任何差错。

在封文上，于收信人姓名之后书写的称呼，如"同志""先生"等，是专供邮递员或带信人使用的，而并非发信人对收信人所采用的称呼。因此像"爱妻""小弟"之类的私人称呼，是绝对不宜出现在封文之上的。

5．简洁（Concise）

写信如同作文一样，同样讲究言简意赅、适可而止。在一般情况下，写信应当"有事言事，言罢即止"，切勿洋洋洒洒、无休无止、空耗笔墨、浪费时间。

知识链接

最美三行家书来了！看看哪一个家书最能打动你？

一纸信笺，字句真切，家书三行，洗尽铅华。

家书，就是指一个远在他乡的人与家里人相互来往的信。作为亲人间进行沟通与交流的情感载体，是一种感染力极强的鲜活文本，承载着游子们对故乡的牵挂，承载着父母对孩子的殷殷期望，甚至承载着一个家的治家之道。

1. 家是什么？

家是一个无论你塞了多少委屈

仍然可以温暖你内心的地方

——H 卡哇伊呢

2．思念并不遥远

见字如面

让书信传递去我的思念

——ZeroForget_

3．为了拥有一个家

孤单打拼苦苦挣扎

才发现有你们的地方才是家

——Hello_ 猫先生 lv

4．一双筷子

一句回家吃饭

一种中国式思念

——文燕同学

5．家是牵挂，是想念，是两扇门一碗汤

想念如果能够蒸发成云

一定可以飘到所想之处落成雨

——江峰_Antony

6．记忆中需要穿过群山

在山坳上散落一地星光

火车在深夜停泊的一分钟，是家乡

——脑袋有个洞吧

7．记忆中的家

是阳台躺椅上睡着的橘猫

和夕阳余晖中一头白发的爸妈

——东篱赌酒

8．外面的山珍海味

都赶不上你做的那碗打卤面

因为那里面有妈妈的味道

——兆连蚓摒

悠悠我心，眷恋于家，一封家书，遥寄乡思，哪一封家书是你最喜欢的呢？

二、电话礼仪——你的声音名片

案例呈现

小张做事粗心大意，往往不顾及他人的感受，只要他有需求，不管什么时候都会打电话给对方。有一天晚上11点多了，他突然发现自己的一个文件不见了，拿起电话就给每个同事打了个电话，睡眼蒙眬的同事们被吵醒后精神恍惚，一头雾水。在当他给最后一个同事打完电话时，发现时间都已经过了12点，弄得同事们也都没睡好觉。这个例子告诉我们，如果打电话不考虑时间，那是一种非常无礼的行为。

请问：什么时间打电话最合时宜？

在互联网时代，人们习惯用在线软件沟通联络。但为了能更好地达到沟通的目的，有时候打电话沟通要比发长信息效果更好。较好地利用电话，不只需要熟练地掌握使用电话的技巧，更重要的是自觉地维护自己的"电话形象"。

"电话形象"是电话礼仪的主旨之所在。它的含义是：人们在使用电话时的种种表现，都会使通话对象"如见其人"，能够给对方以及在场的人留下完整的、深刻的印象。一般认为，一个人的"电话形象"，主要是由其使用电话时的语言、内容、态度、表情、举止以及时间等几个方面所构成的。

交际礼仪要求，在使用电话时，务必要对维护个人电话形象的问题倍加关注。要做到这一点，就要懂得基本的电话礼仪，并在打电话、接电话以及在使用移动通信工具时，自觉自愿地做到知礼、守礼、待人以礼。

（一）基本礼仪

1．面带微笑

声音要清晰柔和，虽然说通电话是一种"非面对面"的交流，从表面上看，人们接电话时的态度与表情对方是看不到的，但是实际上这一切对方完全可以在通话过程中感受到。当与人通话时，应该面带微笑，如图 4-1 所示，就像对方就在自己面前一样，做到声音清晰悦耳、温和有礼、吐字准确、语速适中、语气亲切自然。讲话声音不宜太大，让对方听清楚即可。

图 4-1　与人通话面带微笑

2．态度尊重

通话过程中，或站或坐，都要保持身体挺直，不要东倒西歪，弯腰驼背。打电话时不要吸烟、喝茶、吃零食，不要对着电话打哈欠，也不要同时与其他人闲聊，否则会让对方感到自己在受话人的心中无足轻重。另外，话筒与嘴的距离保持在 3 厘米左右，嘴巴不要贴在话筒上，不要把电话抱在怀里，夹在脖子上通话，也不要拉着电话线，边走边接听电话。通话结束后，应轻放话筒，不要用力摔。

3．正确自我介绍

接通电话后，通话者应首先向对方正确介绍自己，即"自报家门"。在电话中自我介绍的方式如下：在私人电话中，报本人的姓名；在公务电话中，报本人所在的单位、职务和姓名。

4．尊者先挂电话

在结束电话交谈时，一般应由打电话的一方提出，然后彼此客气地道别，说一声"再见"，再挂电话，不可只管自己讲完就挂电话。对于打电话时谁先挂，交际礼仪的规范做法是：地位高者先挂电话。

5．尊重别人的隐私

当别人打电话或接听电话时，要做到不偷听、不旁听；当代别人接听电话时，要做到不随意传播，也不可当着众人的面，大声转述电话的内容。

6．电话意外中断的处理

若能确定是哪一方引起的中断，应在条件允许的情况下由该方立即重新拨打电话；否则，由地位相对较低的一方立即重新拨打电话。电话重新接通后，应当首先致歉并说明原因。

7．主次分明

通常在进行重要会谈之前，应关闭手机或使其处于静音状态，而进行一般性交谈时则不必。正在与别人交谈时，电话响了，首先应向谈话对象致歉："对不起，我接一下电话。"待其同意后立即接听电话，告知对方正在与他人交谈，简要说明情况再约定时间另行通话。

（二）打电话的礼仪

1．做好打电话前的准备

每次通话之前，打电话的人应该做好充分准备。最好的办法，就是把受话人的姓名、电话号码、通话要点等必不可少的内容罗列出一张清单。这样一来，通话时便可照此办理，就不会再出现现说现想、缺少条理、丢三落四的情况了。此方法简单易行，只要养成了习惯，就会成为自己的自觉行动。它不仅利己利人，而且容易使通话对象感到发话人办事情有板有眼、训练有素。

2．选择合适的通话时间

打电话时，首先要选择合适的通话时间。一般情况下，如果打电话到对方家里，不要选择过早、过晚或对方休息的时间，如早晨7点前、晚上10点后、一日三餐的吃饭时间、节假日等。如因紧急事宜打电话到别人家里，通话之初先要为此说声"对不起"，并说明理由。

另外，因公事打电话，尽量不要打电话到对方家里，尤其是晚上。打电话到海外，还应考虑到两地的时差问题。打电话到对方工作单位时，要想使通话效果好一些，不至于受到对方繁忙或疲劳的影响，则通话时间不应是对方刚上班、快下班、午休或快吃午饭时。一般来讲，在周一上班时，早上的时间没有重要事情

礼仪与职业素养

不要打电话，因为此时大多数单位要开例会安排一周的工作日程或处理一些重要事务。周五下午下班前不要打电话，因为临近下班时间，人们的心理状态处于疲劳期。此外，不要因私事打电话到对方单位。

3．控制通话的时间长度

电话被称为"无形造访的不速之客"。在很多情况下，它都有可能"出其不意"地打扰别人的正常工作或生活。因此，打电话的人必须有一个明确的指导思想，即每次打电话的时间不应超过3分钟。在国外，这叫作"通话3分钟原则"。如果确实需要通话很长时间，一定要征询对方此时通话是否方便，否则应与对方另行约定时间。所以，打电话时要注意长话短说，废话不说。

4．讲究礼节

打电话应当用"您好"开头、"请"字在中、"谢谢"收尾，态度要温文尔雅。接通电话后，首先应该向受话方问声"您好"，再用简单的语言自报家门和证实对方的身份，然后立即向对方说明打电话的目的，迅速转入正题。

（三）接电话的礼仪

在通话的过程中，接听电话的一方虽然是被动的一方，但也必须在接听电话时，专心致志、彬彬有礼。

1．接听速度与态度

在日常生活和工作中，正常情况下，不允许不接听他人打来的电话。如果因特殊原因，致使铃响许久才接电话，应在通话之初就向发话人表示歉意。尤其是如约而来的电话，因为这关系到一个人的诚信问题。在办公室里接听电话，尤其是有外来的客人在场时，最好是走近电话，双手捧起话筒，以站立的姿势，面带微笑地与对方友好通话。接听电话时，速度快、态度好、姿势雅，才是合乎礼仪的。

2．问候对方，自报家门

问候对方是礼貌，自报家门则是为了让对方验证是否拨错了电话，找错了人。日常生活中，很多人接听电话的第一句话就是"喂，谁呀""你找谁呀"。更有甚者一张嘴就毫不客气地查对方的"户口"，一个劲儿地问人家"你找谁""你是谁"或"有什么事儿呀"，这是不合乎规范的。规范的做法是"您好！我是

×××，请问您是哪位""您好！×××，请讲"。在办公室中，接听电话时拿起话筒所讲的第一句话，也有一定的规矩，最常见的有两种形式：第一种是以问候语加上单位、部门的名称及个人的姓名。这种形式最为正式，例如"您好！林安集团公司人事部姜超，请讲"。第二种是以问候语加上单位、部门的名称，或问候语加上部门名称。这种形式适用于一般场合，例如"您好！惠仟佳公司广告部，请讲"，或者"您好！人事部。请讲"。后一种形式，主要适用于由总机接转的电话。

万一对方拨错了电话或电话串了线，也要保持应有的风度，切勿发脾气。确认对方拨错了电话，应先自报一下"家门"，然后再告知对方电话拨错了。对方如果道了歉，不要忘了以"没关系"去应对。如有可能，不妨问一问对方，是否需要帮助他查一下正确的电话号码。这样做可以树立自己以礼待人的良好形象。

3．礼貌地结束通话

在通话时，接听电话的一方不宜率先提出终止通话的要求，按照惯例应由打电话者先挂断电话。如果对方还没有讲完，你就挂断电话，是很不礼貌的。尤其在与位尊者或女士通话时，一定要等对方先挂电话，以示对对方的尊重。如果你确实有急事需要挂断电话，可向对方简单说明原因，表示歉意，并再约一个合适的时间，届时自己主动打电话过去。约好了时间，必须牢记并遵守。在下次通话时，还要再次向对方致以歉意。如果遇上不识相的人打起电话没完没了，让其"适可而止"，语言也应当委婉、含蓄，不要让对方难堪。例如，不宜说："你说完了没有？我还有别的事情呢。"而应当讲："好吧，我不再占用您的宝贵时间了。""真不希望就此道别，不过以后真的希望再有机会与您联络。"

（四）使用手机的注意事项

1．注意安全

开车时不接打电话，乘飞机时要关机，在加油站、病房中不使用手机。一般情况下，不要借别人的手机，尤其是陌生人。

2．文明使用

使用手机时，一定要讲究社会公德，避免打扰其他人。在公共场所活动

时，尽量不要使用手机。当手机处于待机状态时，应设置为静音或振动。需要与他人通话时，应寻找无人之处，避免当众自说自话。公共场所乃是公众共享之处，人人都要自觉地保持肃静。显而易见，在公共场所手机狂叫不止或与他人当众通话，都是侵犯他人权利、不讲社会公德的表现。在参加宴会、舞会、音乐会，前往法院、图书馆，或参观各类展览时，更应注意。尤其是在开会、会客、上课、谈判、签约及出席重要的仪式、活动时，必须自觉地提前采取措施。

3．正确使用个性化铃声

随着手机的普及，个性化的手机铃声也迅速流行起来。这些个性化铃声为生活增添了色彩，人们选择它们也无可非议。但是应该注意正确使用个性化铃声，在办公室和一些严肃的场合，不合适的铃声不断响起，对周围的人是一种干扰。另外，铃声要和身份相匹配。相对来说，过于个性化的铃声与年轻人的身份比较匹配，一些长者或有一定身份的人如果选择与自己身份不太匹配的铃声，会损害自己的形象。

三、网络礼仪——跨越时空的交流

网络上的争吵

有两名中学的女学生，因为在网络上的争吵，演变成了现实中的群殴，最终致使3人死亡。其中的原因就是在虚拟游戏室里因为一两句令人不舒服的话引起的。

请问：在网络普及的今天，我们要注意哪些文明礼仪？

在网络的虚拟世界中，同样要注意网络文明，学习在互联网上交往所需要遵循的礼节，更加高效地使用互联网。只有这样才能够在为我们的生活与工作带来便利的同时，也带来快乐和成功。

（一）何为网络礼仪

网络礼仪是在交往过程中形成的被赞同的礼节和仪式。换言之，网络礼仪是人们在互联网上交往所需要遵循的礼节，是一系列使人们在网络上会有合适表现的规则。

（二）当代中职生应该遵守的网络礼仪

随着互联网的发展，不道德不文明的行为也在网上泛滥起来。人们在享受互联网带来的便利和好处的时候，也不得不忍受其带来的庸俗、浅薄。网络文明越来越受到人们的关注，我国的精神文明建设、公民道德建设和文明礼仪教育也不得不从现实生活延伸到网上，"讲文明礼仪，促人际和谐"也在网上引起重视。作为当代中职生，应该遵循哪些网络礼仪呢？

1. 网络世界，不止一人

互联网为全世界搭建了一个交流的平台，面对一台电脑就可以与世界牵手，但往往也使我们在面对电脑屏幕时，忘记了我们是在和其他人打交道。有些人的行为，也因此变得粗俗和无礼。因此，在网络礼仪中，时刻要记得，网络世界不止一人，时刻记住别人的存在。尊重自己和尊重他人，是做人的基本规范，亦是网络礼仪的基本要求。

2. 表里如一，行为一致

无论何时何地，为人处世都应该遵循基本的法律和道德规范。网上的道德和法律与现实生活中是相同的，不要以为在网上与他人交流，就可以降低道德标准，相反，更应该表现出我们高尚的品德。

3. 平稳心态，求同存异

同样是网站，在不同的论坛有不同的规则。在一个论坛上可以做的事情，放在另外一个论坛可能就不合适做。例如，博客和播客都是网民私人的网络空间，其中，博客通常以网络日志为主要内容，而播客则以视频、音频为亮点。所以在使用博客、播客时，要遵循相应的礼仪规范，以便使自己的网络空间更受欢迎。

4. 尊重他人，自助学习

网络是一个丰富的资源库，如能对其进行合理利用，将会大大有助于网民们

礼仪与职业素养

的学习和工作。通常而言，在提问题之前，先自己花些时间去网上搜索和研究，你会发现有些问题是可以在网上找到适合的答案的。因此，我们要学会利用网络学习，不要以自我为中心，以为自己的事情就是最重要的事情，毕竟别人帮忙，也是需要消耗时间和资源的，遇到问题尽量要学会自助。

5．严于律己，塑造形象

由于网络上的语言性质，别人无法通过外观来判断真伪，因此，我们的一言一语，将成为别人对自己第一印象的唯一判断。如果我们对某个方面不是很熟悉，尽量不要发表言论。如果是自己感兴趣的事情，也要在保证实事求是的基础上进行阐述，避免留下一个不懂装懂的坏印象。同样地，在发帖之前也要仔细检查，自己的言语或者用词是否正确，不能故意挑衅或者使用不文明语言。

6．尊重彼此，勿涉隐私

在上网时，一定要注意严格保守国家机密和商业机密，不可把国家机密或商业机密当成自己可以炫耀的资本加以传播。别人与我们用电子邮件或私聊（QQ等）的记录不宜随便公开。如果我们认识某个人用笔名上网，在论坛未经同意就将他的真名公开，并不是一个好行为。如果不小心看到别人打开的电脑上的电子邮件或秘密，要做到守口如瓶，不应该到处传播。

7．正视权利，创造和谐

管理员和版主比其他用户拥有更多的权利，这种权利是用于做更好的服务和解决实际问题与困难的，应该珍惜使用这些权利。

8．宽以待人，和谐共处

我们都曾经是网络新手，都有犯错误的时候。所以，当看到别人写错别字，用错词，问一个低级的问题或写一篇没有必要的长篇大论时，请不要过度在意。

（三）合理使用网络通信工具

1．微信礼仪

在见面扫一扫的时代，学习微信基本社交礼仪，不仅是为了让我们都变得更讨人喜欢，容易获得帮助，更是为了节省沟通成本，提高时间效率。微信礼仪分为两个部分，微信的聊天礼仪和微信朋友圈的礼仪。

（1）微信的聊天礼仪

第一，加他人的微信时自报家门是最基本的原则之一。在添加好友时，每个人都希望知道添加的是何人，由此来判断该不该接受添加请求。若遇到一个陌生人突然加我们的微信，也不说是谁，添加好友以后也从来不说话，这会使微信通讯录里的人越来越复杂，给很多人带来困扰。

第二，未经对方允许，不要将其微信名片推送给他人。微信名片推送虽然是个很实用的功能，但是使用不当也会带来困扰，为了避免这种困扰，未经对方允许我们不能将他人的微信名片推送给别人。如果有些人有些事确实是需要我们帮忙，引荐一下双方才好开始，一般情况下，应该先询问清楚对方要找人的目的是什么，再跟另一方事前沟通一下，然后拉个小群让他们认识。这样做一是不伤人情，二是更有规矩。

第三，不要随意用语音开启聊天。语音对发送信息的人来说确实很方便，但是这种方便是单向的：说的人方便了，但给听的人带来很大的不便。因为不征求对方的意见就发语音，对方可能在上班、上课、在嘈杂的马路上，未必方便听。如果一定要发语音，要礼貌地征求一下对方意见，问问对方此刻是否方便。如果你真的只想用语音，可以尝试用语音输入法。记住文字依然是最高效的沟通方式。

第四，有事说事，别问"在吗？"时间是很宝贵的，找人说事开门见山没什么不好，不要觉得找别人帮忙是挺不好意思的事。事实上，联络感情在于平时，突然的套近乎只会显得更不自然，所以有事直说就好了。

第五，表达谢意慎用"发红包"。对于帮助了自己的人，我们都希望能表达一些谢意，其实，表达谢意的机会有很多，可以找合适的机会回报。或者，如果对方开通了微信公众号，那就打个赏吧。

第六，如果我们是信息接收方，请及时回复别人的信息；如果我们是信息的发送方，学会等待是一种美德。生活中，玩消失的人最让人难以忍受，所以在微信联络时，及时回复别人是信息，也是一种最基本的修养。否则别人发信息给我们，常常石沉大海，或者几天后才得到回复，是很失礼甚至让人很反感的，也会让对方认为我们是不靠谱的。当然，有时确实是没办法来不及回复信息。这时，我们不妨先回复一句"不好意思，稍等一会儿回复您"，这样对方就安心了。因

为在这个节奏越来越快，人也越来越忙的时代，经常也会有，及时看到了信息，但突然来了一点什么事情，手机一放，转眼就忘记回的情况。所以，秒回是一种珍惜的态度，但是不秒回，也不是一个人的过错。

第七，拉人进群前，先获得对方同意。在微信交往中，记住，不要随意拉别人进微信群。除非我们是为对方解决问题，况且被我们拉进一个对方并不感兴趣的群里，为了维护关系，别人可能会陷入想退群却又不好意思退，不退群，却又要长期忍受群内信息骚扰的两难境地。

第八，逢年过节，请勿群发祝福语。节日期间，国人都喜欢相互祝福，一来借节日表达对友人的关怀，二来也借机可以跟领导、长辈、客户拉近距离。但是，在节假日发送微信祝福语，最忌讳群发，既然是表达关怀和拉近距离，那就要让对方感受到我们对他的重视。无须内容多长，也不讲究内容是否优美，达到发表的程度，短短的三言两语，只要我们是一字一句只为他一个人编辑的，对方便能从字里行间，感受到你的关怀和真诚。这样虽然麻烦一点，但是过去写祝贺卡也是一对一的。

第九，正确使用微信群。微信群往往一群一主题，因此群聊的内容要与主题相关。群交流如果是两个人的对话较多，那么最好不要当着大众的面持续交流，应该私聊。如果在群里发表言论，尽量简短，不要发长篇，同时切忌连续表情包轰炸。

（2）微信朋友圈的礼仪

大多数人在加了对方为好友后，都有刷一下对方朋友圈的习惯，顺势拉几条，大概对这个人就有了一个轮廓印象。难以相信的是，这件事最多只花5秒钟的时间，但就是这5秒钟却能让人大概总结出你的价值观。因此，我们有必要来了解一下朋友圈的礼仪。

第一，朋友圈应设置分组标签。微信上限5 000人，不同的人群关注我们的朋友圈动机不同，因此我们的朋友圈内容也要考虑一下会不会打扰到不相干的人群。最好的办法是用分组标签的方法，把微信通信录里的好友分一下类别，避免发朋友圈动态时打扰到不相关的人。

第二，朋友圈不是营销平台，切忌发太多、太直白的广告。朋友圈更多是情感交流的平台，而非营销平台，如果确实因业务需要在朋友圈打广告，记住不要太多、太直白，可以尽量以"软文"的形式来进行。

第三，思想进步三观正，发图要有同理心。违反国家法律、政策的东西不能发，造谣、色情、反动、暴力、血腥等内容不要发，除此之外，引起心理不适的内容也少发。

第四，分享自拍有节制。有的人每天十几条甚至几十条的刷屏，用他的精彩生活来刷屏，不管别人的感受，这样是很无礼的，朋友圈应该给朋友们带来新知，无论是音乐电影还是文章视频，追求雅致才能充满善意。

第五，不要在别人发的朋友圈评论里"盖高楼"。在别人发的朋友圈评论里聊天，从视觉上来说，也有可能引起他人反感。

2. 电子邮件

电子邮件是应用最广泛的网络功能之一。作为交流沟通的便捷手段，电子邮件已经在很多领域代替了传统信函，因此使用电子邮件的礼仪规范更应引起重视。以下几点需要引起注意：

第一，格式规范。电子邮件是电子化的信函，仍然具有最原始的信函传递信息的功能。因此，在撰写电子邮件时，应当按照通行的格式组织内容。亲人、朋友之间发送电子邮件，则不拘一格，可以视具体情况而定。

第二，简洁明了。邮件篇幅不宜过长，以便收件人阅读。发送较大邮件需要先对其进行必要的压缩，以免占用他人信箱过多的空间。

第三，文明得体。邮件用语要礼貌规范，以示对对方的尊重。撰写英文邮件时不可全部采用大写字母，否则就像是发件人对收件人盛气凌人的高声叫喊。

第四，专函专用。不可随便发送无聊、无用的邮件或以广告为内容的邮件，因为那样不仅会给收件人造成困扰和不便，还会损害自身形象。

第五，定期查阅。最好是每天都查看一下有无新邮件，以免遗漏或耽误重要邮件的阅读和回复。

第六，及时回复。凡公务邮件，一般应在收件当天予以回复，以确保信息的及时交流和工作的顺利开展。若涉及较难处理的问题，则可先电话告知发件人业已收到邮件，再择时另发邮件予以具体回复。

第七，尊重隐私。不要擅自转发别人的私人邮件。

技能训练

实训1 同步实训操作——书信礼仪

（1）实训目的

通过参观电报大楼，使同学们能对传统书信文化产生浓厚的兴趣，并给未来的自己写一封信，掌握书信礼仪。

（2）实训内容

参观本地电报大楼，给未来的自己写一封信。

（3）实训要求

要求同学写下对未来的期望，对老师、家人、朋友的祝福，并将信投进邮箱中。

（4）组织形式

学生利用周末时间，自行分组前往电报大楼参观。

（5）实训方式

参观完后，写下一封信投进邮箱中。

（6）考核方式

拍下参观电报大楼、写书信以及投信的过程。制作PPT课上做汇报。

实训2 同步训练操作——电话礼仪

（1）实训目标

掌握电话礼仪的基本规范与技巧，能应对各种特殊电话。

（2）实训内容

电话礼仪训练，以老师提供的材料为主，完成不同情况下的电话通信礼仪。在训练过程中，说明相关礼仪的注意事项，教师检查并纠正。

（3）实训要求

学生能灵活机动、周到而全面地应对各种情况的电话，同时又不失电话礼仪。

（4）组织形式

让学生分组练习，根据材料编写剧本，并在组内分配好角色，其中组长兼任导演。每组都上台演示，其他同学派代表进行分析和点评，最后由老师做出总结。

（5）实训方式（见表4-3）

表4-3　实训方式

类别	操作要求	训练时间/分钟	道具	学生自评	学生互评
电话礼仪	对方要找销售部王经理，但是王经理不在	5	电话或手机		
	对方打错了电话	5			
	对方询问公司新产品的情况，并要求转接电话	5			
	自己拨错电话	5			
	顾客购买的产品在使用过程中出现问题，向商家反映情况	5			
	几部电话同时一起响起	5			
	校长秘书接到难缠的电话	5			
	张经理与客户通电话，通话因故中断	5			
	开会时，王总突然接到客户的电话	5			
	遇到熟人打电话过来，找你闲聊，但你又有重要的事情要处理	5			

（6）实训考核（见表4-4）

表4-4　实训考核

类别	考核要求	教师评价
给定的训练材料	1. 通话前的准备工作是否到位。 2. 接听电话是否及时。 3. 通话时的问候礼节、自我介绍、结束感谢礼节等是否到位。 4. 通话时间控制是否到位。 5. 通话内容是否简明扼要。 6. 声音的控制是否到位。 7. 挂断电话顺序是否合理。 8. 特殊电话的处理是否合理。 9. 使用手机通话，手机礼仪是否到位。 10. 动作表情是否到位。 11. 团队的协作配合能力如何	

实训3 同步实训操作——网络社交礼仪

(1) 实训目标

通过微信平台,掌握网络社交礼仪。

(2) 实训内容

微信聊天,微信建群与群内发言,朋友圈发表、评论、点赞。

(3) 实训要求

学生能够在学习和生活中合理使用网络社交礼仪。

(4) 组织形式

学生分组练习,自行发挥,根据情景编写剧本,并在组内分配角色,其中组长兼任导演。每组上台演示(微信电脑版投影),其他组同学派代表进行分析和点评,最后由老师做出总结。

(5) 实训方式(见表4-5)

表4-5 实训方式

类别	操作要求	道具	学生自评	学生互评
微信聊天	情境1. A同学与B同学就下周去某企业参观调研事情进行沟通。 情境2. A同学与B同学跟随企业领导去拜访优秀员工。 情境3. A同学与B同学出发前与优秀员工进行沟通	电脑或手机		
微信群	A班和B班要进行元旦文艺汇演合作,双方负责人在群主的带领下在群里进行各方问题的协商			
朋友圈	为迎接学校建成30周年的庆典,学校邀请各优秀毕业生参与庆典,在朋友圈进行宣传展示			

（6）实训考核（见表 4-6）

表 4-6　实训考核

类别	考核要求	教师评价
微信聊天	1. 聊天内容是否合理（包括文字、图片、语音）。 2. 表情符号使用是否合理。 3. 回复是否及时。 4. 是否违规信息	
微信群	1. 群主权力使用是否合理。 2. 群名称、群成员昵称是否正确。 3. 群内言论是否合理	
朋友圈	1. 发表的内容是否合理。 2. 评论、点赞是否规范。 3. 转发、复制、引用是否规范。 4. 是否有做广告之嫌	

第三讲　生活场景：细节处处精彩

座次风波

武汉某公司为庆祝成立 10 周年，在某饭店举办大型中餐宴会，邀请了本市最著名的演员助兴。这位演员到达后，费了好长时间才找到自己的位置。当她入座后发现，同桌的许多客人都是接送领导和客人的司机，演员自尊心受到了伤害，没有同任何人打招呼就悄悄离开了饭店。当时宴会的组织者并未察觉到这一点，直到宴会主持人拟邀请这位演员演唱时，才发现演员并不在场。幸好主持人头脑灵活，临时改换其他节目，才算没有出现冷场。

请问：该演员为何一走了之？

礼仪与职业素养

一、用餐礼仪——民以食为天，食以礼为先

用餐礼仪，顾名思义就是指在吃饭用餐时在餐桌上的礼仪常识。餐饮礼仪问题可谓源远流长。据文献记载可知，至少在周代，饮食礼仪已形成一套相当完善的制度，特别是给孔子的称赞和推崇而成为历朝历代表现大国之貌、礼仪之邦、文明之所的重要方面。

（一）中餐礼仪

用餐礼仪在中国人完整的生活秩序中占据一个重要的地位，用餐不仅是满足基本生理需求的过程，也是头等重要的社会交际方式，为此，掌握用餐礼仪显得特别重要。

1. 点菜的技巧和禁忌

所谓"点菜"，自然是要求主点人心中有韬略，好比行兵布阵、谋划方略，要一举攻下宾朋满座的胃来。点菜虽然是一个"综合性"的工程，但实则还是有原则可依的。

（1）点菜时间及人员

如果时间允许，我们应该要等到客人全部到齐之后再点菜，这是对每位用餐者的尊重。待大多数客人到齐之后，将菜单供客人传阅，请他们来点菜。当然，作为商务宴请，可能会出现预算的问题，因此，要多做餐前功课，选择合适档次的请客地点是比较重要的，这样客人也能领会我们的预算数额。一般来说，如果是我们买单，客人也不太好意思点菜，都会让我们来做主。如果我们的老板也在酒席上，千万不要因为尊重他，或是认为他应酬经验丰富，而让他来点菜，除非是他主动要求。否则，他会觉得不够体面。

如果我们是赴宴者，不该在点菜时太过主动，而是要让主人来点菜。如果对方盛情要求，我们可以点一个不太贵、又不是大家忌口的菜。记得要在点菜前征询一下桌上人的意见，特别是问一下"有没有哪些是不吃的"或是"比较喜欢吃什么"，要让大家感觉被照顾到了。点菜后，可以向大家请示"我点了菜，不知道是否合几位的口味"，"要不要再来点其他的什么"等。

（2）点菜原则

①看人员组成。一般来说，人均一菜是比较通用的规则。如果是男士较多，可适当加量。

②看菜肴组合。一般来说，一桌菜最好是有荤有素，有冷有热，尽量做到全面。如果桌上男士多，可多点些荤食；如果女士较多，则可多点几道清淡的蔬菜。

③看宴请的重要程度。若是普通的商务宴请，平均一道菜在50～80元就可以。如果这次宴请的对象是比较关键的人物，那么要点上几个够分量的菜，例如龙虾、刀鱼、鲥鱼，再要上规格一点，则是鲍鱼、海参等。

④注意事项。点菜时不应该问服务员菜肴的价格，或是讨价还价，这样会让你在客人面前显得有点小家子气，而且客人也会觉得不自在。这种行为很容易使饭局陷入尴尬的境地。如果比较赶时间，那么点菜的时候就要避免选择一些烧制很费时间的菜肴，以免让客人久等、耽误时间。

（3）中餐点菜优先考虑的菜肴

①有中餐特色的菜肴。宴请外宾的时候，这一条更要重视。炸春卷、煮元宵、蒸饺子、狮子头、宫保鸡丁等菜肴具有鲜明的中国特色，受到诸多外国人的推崇。

②有本地特色的菜肴。好比山东的葱烧海参、湖北的辣子鸡丁、浙江的东坡肉、北京的烤鸭、江苏的松鼠鳜鱼。在这些地方宴请外地客人时，点一些当地特色菜，恐怕要比千篇一律的生猛海鲜更受好评。

③本餐馆的特色菜。许多餐馆都有自己的特色菜，上一份本餐馆的特色菜，能说明主人的细心和对被请者的尊重。

（4）中餐点菜的禁忌

①出于健康的原因，对于某些食物，也有所禁忌。比如，心脏病、脑血管动脉硬化、高血压等病人，不适合吃狗肉；肝炎病人忌吃羊肉和甲鱼；胃肠炎、胃溃疡等消化系统疾病的人也不合适吃甲鱼；高血压、高胆固醇患者要少喝鸡汤；糖尿病人要少吃油炸食品，忌吃冰淇淋、甜饼干、蛋糕、果酱、甜面包以及糖制的各种糕点等。

②不同的地区，人们的饮食偏好往往不同。对于这一点，在安排菜单时要兼顾。比如，湖南省的人普遍喜欢吃辛辣食物，少吃甜食。另外，宴请外宾时，

礼仪与职业素养

尽量少点生硬需啃食的菜肴，因为他们在用餐中不太会将吃到嘴中的食物再吐出来，这也需要顾及。

③有些职业，出于某种原因，在餐饮方面往往也有各自不同的特殊禁忌。例如，国家公务员在执行公务时不准吃请，在公务宴请时不准大吃大喝，不准超过国家规定的标准用餐，不准喝烈性酒。再如，驾驶员在工作期间，不得饮酒。

2．中餐日常宴请礼仪

（1）中餐上菜顺序

中餐上菜顺序，一般讲究先凉后热，先炒后烧，咸鲜清淡的先上，甜的味浓味重的后上，最后是主食。有规格的宴席，热菜中的主菜，比如燕窝席里的燕窝，海参宴里的海参，鱼翅宴里的鱼翅，应该先上，即所谓最贵的热菜先上。

中餐宴席里的大致顺序如下：

①茶：在酒店里，因为要等待，所以先来清口茶。

②凉菜：冷拼、花拼。

③热炒：视规模选用滑炒、干炸、爆、烩、烧、蒸、扒等组合。

④大菜：指整只、整块、整条的高贵菜肴，如整头乳猪、全羊等。

⑤甜菜：包括甜汤，如冰糖莲子银耳汤等。

⑥点心：一般大宴不供米饭，而以糕、饼、团、粉，各种面、包子、饺子等代之。

⑦水果：果盘等。

（2）中餐餐具的使用

中餐使用的餐具通常有筷子、汤匙、碗、食碟和辅助餐具等，这些餐具在使用时都有一定的礼仪规范。

1）筷子

筷子是用餐时必不可少的餐具，筷子的主要功能是用餐时夹取食物。使用筷子，首先要方法正确，一般应以右手执筷，以其拇指、中指、食指三指的前部，共同捏住筷子的前方三分之一处。通常，筷子必须成双使用，而不能只使用一根。

使用筷子取菜时，需要注意下列问题：不论筷子上是否残留食物，都不要去舔它。当暂时不用筷子时，可将它放在筷子架上或自己的碗、碟边缘上。另外，也不要把筷子当叉子，去叉取食物。与人交谈时，应暂时放下筷子，切不可以用其敲击碗、盘，指点对方。不要用筷子做其他事，如剔牙、挠痒或在菜中翻弄挑拣，以及把筷子竖直插入碗里的米饭中。

2）汤匙

中餐的汤匙以短柄瓷质为主，主要用来喝汤羹，有时也可以用汤匙辅助筷子取菜，但尽量不要用汤匙单独取菜。一般情况下，用汤匙取食物时，不宜过满，免得溢出来弄脏餐具或自己的衣服。如果需要，可在舀取食物后，在原处"暂停"，待汤汁不再滴流后，再移向自己。

另外，在使用汤匙时，还有一些举止要格外注意：用汤匙取用食物后，应立即食用，不要把食物再次倒回原处。如果取用的食物过烫，不可用汤匙将其折来折去，也不要用嘴对着它吹来吹去。当食用汤匙里盛放食物时，尽量不要把汤匙塞入口中，或是反复吮吸。暂且不用汤匙时，应置于自己的食碟上，不要把它直接放在餐桌上，或是把它放在食物上。

3）碗

碗在中餐里主要是盛放主食、羹汤之用的。在正式场合用餐时，用碗的注意事项主要有五点：一是不要端起碗来进食，尤其是不要双手端起；二是食用碗内盛放的食物时，应以筷、匙加以辅助，切勿直接下手取用，或不用任何餐具以嘴吸食；三是碗内若有食物剩余时，不可将其直接倒入口中，也不能用舌头乱舔；四是暂且不用的碗内不宜乱扔东西；五是不能把碗倒扣过来放在餐桌之上。

4）食碟

食碟的主要作用是暂放从公用的菜盘中取来享用的菜肴。使用时，一般不要取放过多的菜肴在食碟里，以免看起来杂乱不堪，十分不雅。不吃的食物残渣，如骨头、鱼刺不要吐在饭桌上，应轻轻取放在食碟的前端，也不要直接从嘴吐到食碟上，要使用筷子夹放到碟子前端。若食碟放满了，可示意服务员更换。

5）辅助餐具

辅助餐具是指进餐时可有可无、时有时无的餐具。它们主要在用餐时发挥辅助作用。最常见的中餐辅餐具有：水杯、湿巾、牙签、水盂等。

① 水杯。主要盛放清水、汽水、果汁、可乐等饮料。需要注意的是不要用水杯盛酒，不要倒扣水杯，喝入口中的饮料不能再吐回水杯中。

② 湿巾。比较讲究的正式宴会会在餐桌上放有两条湿毛巾，一条餐前用来擦手，一条餐后用来擦嘴。也有的是由服务员餐前递送，看到客人用脏后不断更换。用餐前的湿毛巾是用来擦手的，不能擦脸、擦汗；用餐完毕后的湿毛巾是用来擦嘴的，所以也不能用来擦手、擦脸、擦汗，更不要往湿毛巾上吐脏物。

③ 牙签。主要用作剔牙。用餐过程中，尽量不要当众剔牙，若是非剔不可，应以另一只手掩住口部，切勿大张"血盆之口"。剔出来的东西，不要随口乱吐。剔牙之后，不要长时间叼着牙签。

④ 水盂。有时在吃中餐时需要直接用手，比如吃海鲜或带壳的食物，遇到这种场合，桌上往往会摆上一个水盂，如图4-2所示。为了消毒和美观，还会在水盂中放几片柠檬。水盂里的水只能用来洗手，洗手时注意动作要轻柔，不要让水溅出。洗毕，用毛巾擦干，不要甩干。

图4-2 水盂

（3）中餐用餐礼仪

1）中餐在用餐过程中的注意事项

用餐时，取菜的时候，不要左顾右盼，翻来覆去，在公用的菜盘内挑挑拣拣。多人一桌用餐，取菜要注意相互礼让，依次而行，取用适量。夹不到的菜，可以请人帮助，不要起身甚至离座去取。冷盘菜、海味、虾、蒸鱼等需要蘸调料的食物可自由调味，但切记勿将咬过的食物再放进调料盘中调蘸。取菜舀汤，应使用公筷公匙。如果同桌有领导、老人、客人，开始进餐和每上一个新菜时，要请他们先动筷子，以表示对他们的尊敬和重视。在餐桌上不能只顾自己，要关心别人，尤其要招呼两侧的女宾。小口进食，避免大口嚼咽，如口内有食物，应避免说话。不要发出不必要的声音,如喝汤时"咕噜咕噜",吃菜时嘴里"叭叭"作响。不要随意离开座位,四处走动。如果有事要离开,要先和旁边的人打招呼,说声"失陪了,我有事先行一步"等。最后离席时必须向主人表示感谢,或者就在此时邀请主人以后到自己家做客以示回谢。

2)中餐宴会中的敬酒礼仪

① 敬酒时,上身挺直,双腿站稳,以双手举起酒杯,待对方饮酒时,再跟着饮,敬酒的态度要热情而大方。在规模盛大的宴会上,主人将依次到各桌上敬酒,而每一桌可派遣一位代表到主人的餐桌上去回敬一杯。

② 敬酒可以在饮酒的过程中随时进行。若是致正式祝酒词,就应在特定的时间进行,并且不能因此影响来宾的用餐。祝酒词适合在宾主入座后、用餐前开始,也可以在吃过主菜后、甜品上桌前进行。

③ 一般情况下,敬酒应按年龄大小、职位高低、宾主身份为先后顺序,一定要充分考虑好敬酒的顺序,分明主次。如果因为生活习惯或健康等原因不适合饮酒,也可以委托亲友、部下、晚辈代饮或者以饮料、茶水代替。

④ 在敬酒时一般会相互碰杯,但高脚杯杯口很薄很脆,杯口相碰容易破碎,因此,敬酒时,应该手心相对,杯口岔开,尽量用杯肚相碰,如图4-3所示,目光直视对方,以表示尊敬。

⑤ 在饮酒特别是祝酒、敬酒时进行干杯,需要有人率先提议,他可以是主人、主宾,也可以是在场的任何一个人。提议干杯时,你应起身站立,右手端起酒杯,或者用右手拿起酒杯后,再以左手托扶杯底,面带微笑,目视其他特别是自己的祝酒对象,嘴里同时说着祝福的话。

图4-3 碰杯

礼仪与职业素养

⑥有人提议干杯后，要手拿酒杯起身站立。即使是滴酒不沾，也要拿起杯子做样子。将酒杯举到齐眼高度，说完"干杯"后，将酒一饮而尽或喝适量。然后，手拿酒杯与提议者对视一下，这个过程才算结束。

知识链接

祝寿礼仪

给老人祝寿，是中国家庭沿袭已久的礼仪传统。随着物质生活水平的提高，寿辰祝贺增添了很多新的内容。然而不管以什么形式为长者祝寿，都需要遵循相应的礼仪规范。

1. 邀请亲朋应预先通知，不能前往可预祝补祝

老年人寿礼一般由子女家人出面操办，应通过电话邀请或派发请柬等方式，预先通知亲朋好友。寿礼一般安排在寿辰当天，当然也可与老人的某个重大纪念日合并庆贺。亲友如因故不能当天前往，也理应携礼提前"预祝"或过后"补祝"。

2. 参加寿宴衣着喜庆，辈分不同礼数有别

参加寿礼衣着服饰宜选用色调明快，含有吉庆之意的红、黄等色，祝寿礼品可以是围巾、手杖、营养品等老人需要的物品，也可以是写有祝寿字句的寿屏、寿匾等艺术品。辈分不同，礼数有别。传统祝寿行礼，一般是同辈抱拳打躬，晚辈鞠躬，儿孙辈也可行跪拜礼。而现在同辈一般多为握手，晚辈或儿孙辈鞠躬行礼。

3. 席位排列长幼有序，礼貌谢绝主人回礼

传统寿礼有一套礼仪规范，现在多以寿宴来表示。寿星老人上座，座次以靠近老人接受拜寿的方位为重要席位，贵宾和直系亲属依次就座，也可按照长幼或辈分排定座次。寿宴中应遵守用餐礼仪，真诚表达祝福之意。主人家一般提前准备答谢礼物，寿宴结束赠予亲朋和宾客，俗称"敬福"。对此，祝寿者应礼貌谢绝。

4. 饭菜要照顾老人口味，长寿面送美好祝福

要注意根据老人的身体状况和饮食爱好，专门准备一些适合其口味的饭菜。敬酒表达心意，应视老人身体健康情况决定，不能劝酒。吃长寿面是我国千百年来祝寿的传统，是寿宴上必有的食物，寓意祈福寿星福寿绵长。

（二）西餐礼仪

西餐文化源远流长，又十分注重礼仪，讲究规矩，所以，了解一些西餐方面的知识和用餐时的礼仪是十分重要的。

1. 西餐的座次安排

在绝大多数情况下，西餐的座次问题，更多地表现为位次问题。除非是极其隆重的盛宴，座次问题一般涉及较少。

（1）女士优先

在西餐礼仪里，女士处处受到尊重。在排定用餐座次时，主位一般应请女主人就座，而男主人则须退居第二主位。

（2）以右为尊

在排定座次时，以右为尊仍然是基本原则。就某一特定位置而言，其右侧之位高于其左侧之位。例如，应安排男主宾坐在女主人右侧，安排女主宾坐在男主人右侧。

（3）恭敬主宾

在西餐礼仪里，主宾极受尊重。即使用餐的来宾中有人在地位、身份、年纪方面高于主宾，但主宾仍然是主人关注的中心。在排定位次时，应请男、女主宾分别紧靠女主人和男主人就座，以便受到较多照顾。

（4）面门为上

面门为上是指面对餐厅正门的位子，通常在排座次的序列上要高于背对餐厅正门的位子。

（5）交叉排列

西餐中排列座次宜交叉排列，即男女应当交叉排列，陌生人与熟人也应当交叉排列。目的据说是可以广交新朋友。不过，要求参加餐会者最好是双数，并且男女人数各半。

（6）距离定位

在通常情况下，距主位近的座位高于距主位远的座位。

2. 西餐上菜顺序

（1）头盘

西餐的第一道菜是头盘，也称为开胃菜。开胃菜的内容一般有冷头盘或热头

盘之分，常见的品种有鱼子酱、鹅肝酱、熏鲑鱼、鸡尾杯、奶油鸡酥盒、焗蜗牛等。因为是要开胃，所以开胃菜一般都具有特色风味，味道以咸和酸为主，而且数量较少，质量较高。

（2）汤

与中餐有很大区别的是，西餐的第二道菜就是汤。西餐的汤大致可分为清汤、奶油汤、蔬菜汤和冷汤四类。品种有牛尾清汤、各式奶油汤、海鲜汤、美式蛤蜊汤、意式蔬菜汤、俄式罗宋汤、法式焗葱头汤等。冷汤的品种较少，有德式冷汤、俄式冷汤等。

（3）副菜

鱼类菜肴一般作为西餐的第三道菜，也称为副菜。品种包括各种淡、海水鱼类，贝类及软体动物类。通常水产类菜肴与蛋类、面包类、酥盒菜肴品均称为副菜。因为鱼类等菜肴的肉质鲜嫩，比较容易消化，所以放在肉类菜肴的前面，叫法上也和肉类菜肴主菜有区别。西餐吃鱼类菜肴讲究使用专用的调味汁，品种有鞑靼汁、荷兰汁、酒店汁、白奶油汁、大主教汁、美国汁和水手鱼汁等。

（4）主菜

肉、禽类菜肴是西餐的第四道菜，也称为主菜。肉类菜肴的原料取自牛、羊、猪、小牛仔等各个部位的肉，其中最有代表性的是牛肉或牛排。牛排按其部位又可分为沙朗牛排（也称西冷牛排）、菲利牛排、"T"骨型牛排、薄牛排等。其烹调方法常用烤、煎、铁扒等。肉类菜肴配用的调味汁主要有西班牙汁、浓烧汁、蘑菇汁、白尼斯汁等。禽类菜肴的原料取自鸡、鸭、鹅，通常将兔肉和鹿肉等野味也归入禽类菜肴。禽类菜肴品种最多的是鸡，有山鸡、火鸡、竹鸡，可煮、可炸、可烤、可焖，主要的调味汁有黄肉汁、咖喱汁、奶油汁等。

（5）蔬菜类菜肴

蔬菜类菜肴在西餐中称为沙拉，一般用生菜、西红柿、黄瓜、芦笋等制作。沙拉的主要调味汁有醋油汁、法国汁、千岛汁、奶酪沙拉汁。还有一些蔬菜是熟食的，如花椰菜、煮菠菜、炸土豆条。熟食的蔬菜通常是与主菜的肉食类菜肴一同摆放在餐盘中上桌，称为配菜。

（6）甜品

西餐的甜品是主菜后食用的，可以算作第六道菜。它包括所有主菜后的食物，如布丁、煎饼、冰淇淋、奶酪、水果等。

（7）咖啡、茶

西餐的最后一道是上饮料，咖啡或茶。饮咖啡一般要加糖和淡奶油。茶一般要加香桃片和糖。

3．西餐餐具的使用

（1）刀叉

1）刀叉的放置

在正规一点的西餐宴会上，通常讲究吃一道菜要换一副刀叉，即在吃每道菜时，都要使用专门的刀叉。便宴可能从头至尾只用一副刀叉。

享用西餐正餐时，出现在每位用餐者面前的餐桌上的刀叉主要有：吃黄油所用的餐刀，吃鱼所用的刀叉，吃肉所用的刀叉，吃甜品所用的刀叉。它们不但形状各异，更重要的是其摆放的具体位置各不相同。吃黄油所用的餐刀，没有与之相匹配的餐叉，它的正确位置，是横放在用餐者左手的正前方。吃鱼所用的刀叉和吃肉所用的刀叉，应当是餐刀在右、餐叉在左，分别纵向摆放在用餐者面前的餐盘两侧。餐叉的具体位置，应处于吃黄油所用餐刀的正下方。有时，在餐盘左右两侧分别摆放的刀叉会有三副之多。要想正确地取用它们，关键是要记住，应当依次分别从两边由外侧向内侧取用。吃甜品所用的刀叉，应于最后使用，一般被横向放置在用餐者面前的餐盘的正前方。

2）刀叉的使用

①英国式。在进餐时，始终右手持刀，左手持叉，一边切割，一边叉而食之。

②美国式。先是右刀左叉，一口气把餐盘里要吃的东西全部切割好，然后把右手里的餐刀斜放在餐盘前方，右手持叉食之。

3）刀叉的暗示

①尚未用完餐。盘子没空，如你还想继续用餐，把刀叉分开放，大约呈三角形。

②请再给我添加饭菜。盘子已空，但还想用餐，把刀叉分开放，大约呈八字形，那么服务员会再给你添加饭菜。注意：只有在准许添加饭菜的宴会上或在食用有可能添加的那道菜时才适用。

③用餐结束。刀口向内、叉齿向上，刀右叉左地并排纵放，或者刀上叉下地

并排横放在餐盘里。服务员会在适当时候将盘子收走。

（2）餐匙

1）餐匙的区别

在西餐的正餐里，一般会至少出现两把餐匙，即汤匙和甜品匙。相对而言，个头较大的餐匙为汤匙，通常摆放在用餐者右侧的最外端。另一把个头较小的餐匙则为甜品匙，在一般情况下，它被横向摆放在吃甜品所用刀叉的正上方，并与其并列。如果不吃甜品，也会被个头同样较小的茶匙所取代。

2）餐匙的使用

①餐匙除可以饮汤、吃甜品之外，绝对不可直接舀取其他任何主食、菜肴等。

②已经开始使用的餐匙，切不可再放回原处，也不可将其插入菜肴、主食，或是令其"直立"于甜品、汤盘或红茶杯之中。

③使用餐匙时，要尽量保持其周身的干净清洁。

④用餐匙取食时，动作应干净利索，切勿在甜品、汤或红茶之中搅来搅去。

⑤用餐匙取食时，务必不要过量，而且一旦入口要一次将其用完。餐匙入口时，应以其前端入口，而不是将其全部塞进嘴里。

（3）餐巾

1）餐巾的铺放

西餐里所用的餐巾，通常会被叠成一定的图案，放置于用餐者的垫盘中，或是直接被平放于用餐者右侧的桌面上。不论是大是小，也不论是哪一种形状，餐巾都应被平铺于自己并拢的大腿上。使用正方形餐巾时，应将它折成等腰三角形，并将直角朝向膝盖方向。若使用长方形餐巾，则可将其对折，然后折口向外平铺。尤其要注意，在外用餐时，一定不要把餐巾披于领口、围在脖子上、塞进衣襟内，或是担心其掉落而将其系在裤腰上。

2）餐巾的作用

①服装保洁。将餐巾平铺于大腿之上，其主要目的就是为了"迎接"进餐时掉落下的菜肴、汤汁，以防其弄脏衣服。

②揩拭口部。在用餐期间与人交谈之前，应先用餐巾轻轻地擦一下嘴。女士进餐前，也可用餐巾轻压一下口部，以除去唇膏。不应以餐巾擦汗、擦脸、擦手。特别要注意，不要用餐巾去擦餐具。

③ 掩口遮羞。在进餐时，尽量不要当众剔牙，也不要随口乱吐。万一非做不可时，应以左手拿起餐巾挡住口部，然后以右手去剔牙，或是以右手持餐巾接住"出口"之物，再将其移到餐盘前端放置。

④ 进行暗示。在用餐时，餐巾可用以进行多种特殊暗示。西餐大都以女主人为"带路人"。当用餐开始，女主人铺开餐巾，等于是宣布用餐可以开始了；用餐结束，女主人把餐巾放到餐桌上时，意在宣告用餐结束，请各位告退。若中途暂时离开，可将餐巾放置于本人座椅的椅面上。

4．西餐酒水饮用

（1）西餐酒水种类

西餐厅所上的酒水，一共可以分为餐前酒、佐餐酒、餐后酒等三种。

第一，餐前酒。它的别名是开胃酒，是在开始正式用餐前饮用，或在吃开胃菜时与之搭配的。餐前酒有鸡尾酒、味美思和香槟酒。

第二，佐餐酒。它又叫餐酒，是在正式用餐时饮用的酒水。常用的佐餐酒均为葡萄酒，而且大多数是干葡萄酒或是半干葡萄酒。有一条重要的讲究，就是"白酒配白肉，红酒配红肉"。这里所说的白肉，即鱼肉、海鲜、鸡肉，它们需要和白葡萄酒搭配；所说的红肉，即牛肉、羊肉、猪肉，吃这些肉的时候要用红葡萄酒来搭配。这里所说的白酒、红酒都是葡萄酒。

第三，餐后酒。它指的是在用餐之后，用来助消化的酒水。最常见的是利口酒，又叫香酒。最有名的西餐厅餐后酒，则是有"洋酒之王"之称的白兰地酒。

一般情况下，饮不同的酒水，要用不同的专用酒杯。在每一位用餐者桌面上右边餐刀的上方，大都会横排放置着三四只酒水杯。取用它时，可依次由外侧向内侧进行，亦可紧跟女主人的选择。在它们之中，香槟杯、红葡萄酒杯、白葡萄酒杯以及水杯，往往必不可少。

（2）酒水饮用礼节

1）斟酒

通常，酒水应当在饮用前再斟入酒杯。有时，男主人为了表示对来宾的敬重、友好，还会亲自为其斟酒。在侍者斟酒时，勿忘道谢，但不必拿起酒杯。但是在男主人亲自来斟酒时，则必须端起酒杯致谢，必要时，还须起身站立，或欠身点头为礼。主人为来宾所斟的酒，应当场启封。斟酒时要注意顺序，以顺时针

方向，从自己所坐之处开始，也可以先为尊长、嘉宾斟酒。除主人与侍者外，其他宾客一般不宜自行为他人斟酒。

2）敬酒

敬酒，亦称祝酒。在敬酒时，通常要讲一些祝愿、祝福之言。在正式的宴会上，主人与主宾还会发表一篇专门的祝酒词。因此，敬酒往往是酒宴上必不可少的一项程序，可以在饮酒的过程中进行。致祝酒词最适合在宾主入席后、用餐前开始，有时，也可在吃过主菜之后、甜品上桌之前进行。祝酒词内容应越短越好，千万不要长篇大论、喋喋不休，让他人等候良久。在他人敬酒或致词时，其他在场者应一律停止用餐或饮酒，面向对方认真地洗耳恭听。

3）干杯

提议干杯时，应起身站立，右手端起酒杯，或者用右手拿起酒杯后，再以左手托扶其杯底，面含笑意，目视他人，尤其是自己要祝福的对象，口颂祝颂之词。如祝对方身体健康、生活幸福、节日快乐、工作顺利、事业成功以及双方合作成功等。在主人或他人提议干杯后，应当手持酒杯起身站立。西餐宴会的干杯同中餐有很大不同，在西餐宴会上，祝福干杯讲究只用香槟酒，绝不可以用啤酒或其他葡萄酒滥竽充数，更不能越过身边之人，而与相距较远者祝酒干杯，尤其是交叉干杯。用香槟干杯时，应饮去一半杯中之酒为宜，但也要量力而行。在西餐中，一般是只祝酒不劝酒，只敬酒而不真正碰杯的。使用玻璃酒杯时，尤其不能彼此碰杯。

5．西餐用餐礼仪

（1）喝汤的礼仪

西餐的汤分为清汤及浓汤，较正式的餐厅在供应清汤时使用椭圆形汤匙及汤杯，供应浓汤时使用圆形汤匙及宽口汤盘。拿汤匙的姿势是由内经外侧舀食，在喝的时候，不能发出声音，不可用嘴将汤吹凉，可轻轻摇动汤使其稍凉。食用完毕后把汤匙放在靠自己身前的底盘上，或是放在盘中，将汤匙的柄放在右边，而汤匙凹陷的部分向上。

（2）食用河鲜、海鲜的礼仪

食用半只龙虾时，应左手持叉，将虾尾叉起，右手持刀，插进尾端，压住虾壳，用叉将虾肉拖出再切食。吃鱼片以吃一片切一片为原则，可用右手持叉进食，或用鱼刀。食用带头尾及骨头的全鱼时，宜先将头、尾切除，再去鳍，一起放在盘子一边，再吃鱼肉。去除鱼骨，要用刀叉，不能用手。若口中有鱼骨或其他骨刺，则可用手自合拢的唇间取出放在盘子上。全鱼吃完鱼的上层，切勿翻身，应用刀叉剥除龙骨再吃下层鱼肉。附带的柠檬片，宜用刀叉挤汁。食用虾、蟹时，侍应都会端一碗洗手水。

（3）食用水果、甜点的礼仪

对蛋糕及派、饼，用叉取食，较硬者用刀切割后，用叉取食。冰淇淋、布丁等，用匙取食。小块的硬饼干，用手取食。粒状水果如葡萄，可用手抓来吃。如需吐籽，应吐于掌中再放在碟里。多汁的水果如西瓜、柚子等，应用匙取食。

（4）食用牛排的礼仪

牛排一般分为三分熟、五分熟、七分熟和全熟四种。牛排要用刀切成一块一块食用，勿将肉全部一次切小块，这样会导致肉汁流失及温度下降。切牛排应由外侧向内，一次未切下，再切一次，不能以拉锯子方式切，亦不要用手拉扯，肉的大小以一口为宜。嚼食肉时，两唇合拢，不要出声，也不可说话或以刀叉比画。

（5）食用面包的礼仪

面包的吃法是，先用两手撕成小块，再用左手进食。如果是硬质面包，可用刀先切成两半，再用手撕成块来吃。吃面包时，不能将黄油涂抹在整片面包上，而应将面包撕或切成小块后，用黄油刀的刀尖取一点黄油涂抹在面包上，再用左手手指将面包送入口中。不吃面包的时候不要把黄油涂抹在面包上。

（6）食用咖啡或茶的礼仪

喝咖啡时，用食指和拇指端起来喝，不要端起咖啡底盘，不要用咖啡匙舀起咖啡品尝。

（7）食用沙拉的礼仪

将大片的生菜叶用刀叉切成小块，一次只切一块，吃完再切。如果沙拉是一大盘端上来，就使用沙拉叉。如果和主菜放在一起则使用主菜叉。如果沙拉是间隔菜，通常要和奶酪、炸玉米片等一起食用。如果主菜沙拉配有沙拉酱，可以先把沙拉酱浇在一部分沙拉上，吃完这部分后再加酱，直到加到碗底的生菜叶部分，这样浇汁就容易了。

（8）食用意大利面的礼仪

右手握住叉子并挑几根面条后，再用握着勺子的左手顶着叉子转动，把面条卷成小团后食用。不要把面大声吸进嘴里，应一口吞下。

知识链接

葡萄酒礼仪

1. 开瓶

开瓶是一项慎重且优雅的动作，需要通过开瓶器来辅助。开瓶器的造型不同，使用方法也略有区别，此处介绍的是最常见的开瓶器（海马刀）的开瓶方法，如图4-4所示。在打开葡萄酒时先将酒瓶擦干净，拿出海马刀，拉出海马刀背部的小刀，然后用小刀沿防漏圈（瓶口凸出的圆圈状的部位）下方划一圈，切开酒帽，切记不要转动酒瓶。用布或纸巾将瓶口擦拭干净，再将小刀收起，拉出螺丝钻对准木塞，顺时针方向缓缓将螺旋钻"斜尖转入中心"。以杠杆原理卡住瓶口，用第一级翘起木塞，再用第二级翘起木塞。如果感觉到木塞快拔出时就停住，用手握住木塞，轻轻晃动或转动，绅士地拔出软木塞就大功告成了。

图4-4 开瓶方法

2．斟酒

斟酒的方式有两种：桌斟和捧斟。桌斟是指客人的酒杯放在餐桌上，侍应持酒瓶向杯中斟酒。在一般情况下，瓶口应在杯口上方2厘米左右处为宜，瓶口不宜贴碰杯口，以免有碍卫生或发出声响。捧斟适用于酒会，其方法是一手握瓶，一手将酒杯捧在手中，站在宾客的右侧，优雅、大方地向杯内斟酒。侍应在斟酒时，要站在每一个餐位的右侧，面向客人，右脚前，左脚后，呈"丁"字步站立，用右手握住酒瓶下半部和酒标背部。必须把酒的正标显露出来，以便喝酒的人看到酒标。斟酒时需尽量伸直手臂，避免胳膊肘弯曲过大影响后面客人。

3．持杯

握住酒杯的杯脚，这是最简单的一种方法。这种方法可很简单地倾斜酒杯，观察酒的颜色以及旋转酒杯里的酒液。

4．碰杯

酒杯的肚子，是杯身相对厚的地方，碰杯要碰杯肚子，且要倾斜15°～30°。社交场合，碰杯时，要看着对方，面带微笑。

课后拓展

1．请画一画中餐两桌和多桌宴会的桌次图。
2．请准备一副刀叉，摆一摆刀叉的3种暗示。
3．请画一画英式、法式的西餐就座方式。

二、公共礼仪——不学礼，无以立

公共礼仪是指公共场所礼仪，公共礼仪体现社会公德。在社会交往中，良好的公共礼仪可以使人际之间的交往更加和谐，使人们的生活环境更加美好。公共场所礼仪总的原则是：遵守秩序、仪表整洁、讲究卫生、尊老爱幼。

（一）观看演出的礼仪

演出是文艺演出的简称，它是指戏剧、舞蹈、音乐、曲艺、杂技等文艺节目公开正式的表演。观看演出的礼仪主要指观众在观看演出时应遵守的礼仪规范。

具体内容如下:

1. 文明观看,切忌喧哗

要提前15分钟进场,对号入座,如果迟到,应等幕间休息时再入场。观看演出时要保持安静,应将手机关机或设置在振动和静音状态。若在演出期间手机铃声大作,不仅会影响其他观众的观演,也可能会影响到演员的表演。若是杂技之类的有一定危险性的表演项目,突然的噪声干扰可能会导致灾难性的后果。所以,观众在观看表演期间应保持安静,不要交头接耳、窃窃私语,还要保证携带的其他随身物品不发出声响。除非是舞台上的演员要求观众一起演唱,否则不要唱歌、哼唱或吹口哨。

观看演出时,不要戴着帽子,这样容易挡住后面观众的视线。不要在观众席内脱鞋或袜子,也不要在观众席内当众脱换衣服,有失庄重。坐姿要端正,不左右晃动,前蹬后仰,扭来扭去。不允许把脚踩在他人椅面上或蹬在他人椅背上,也不能坐在扶手或蹲在椅子上。如果陪同他人一起观看演出,应把好的座位让给对方;如果男女同去观看演出,男士应坐在最靠过道的座位上。

观看演出期间,应在座位上坐定,不要随意走动更不要双臂都占用椅子扶手。礼仪中的一个常用经验法则,是使用我们的右扶手。如果可以,两个扶手都空出来。禁止吸烟,不要乱吃零食,以免发出声响或味道影响他人。若是带壳食物或者较脆的食物,也容易在座位和地板上留下食物残渣。不要随处扔纸屑、食物包装纸、矿泉水瓶等,更不能随地吐痰和丢弃烟头。禁止拍照和录像,这样难免会打扰到其他观众,影响演员,是非常不绅士的做法。另外,没有经过演出团队的同意便擅自拍照或录像,也是侵犯他人权益的做法,若演出团队追究,则会受到法律的惩罚。

2. 文明鼓掌,尊重演员

每当一个节目结束之后,观众都应热烈鼓掌,以表示对演员的肯定和支持。如果参加古典音乐剧或者音乐会,请在表演结束后鼓掌;如果参加音乐剧或者戏剧,有些场景很有趣,剧场也会提示给予观众笑声和鼓掌,那这个时候对演员的情绪和感受做出反应是可以的。不要因为兴奋而做出可能破坏节目的反应。有些受欢迎的剧目会反复巡演,这有可能是我们的第二次或第三次观赏,但这也有可能是自己身边的人第一次观看。所以,请记住不要影响到他人观看节目的体验。尤其要注意的是，在演出过程中，演员如果出现了一些失误，一定不要喝倒彩、鼓倒掌，这是对演员的基本尊重和支持，也是作为观众的基本规矩。

3. 演出结束，按序退场

当所有的节目都表演完毕，舞台落幕时，此时全体观众应站立起来，热烈鼓掌，以表示对表演团队精彩演出的感谢。然后，待灯光打开后，应按座位离出口远近为序依次离场，离场时应注意井然有序，切忌大声喧哗、横冲直撞。如有垃圾，应用袋子装好，待演出结束后随身带走并扔进垃圾桶内。不要出于好奇心对演员的道具随便触摸，如想与演员合影，要先征得对方同意。

（二）在图书馆与博物馆的礼仪

1. 在图书馆的礼仪

进入图书馆时，要衣着整洁，不要穿拖鞋、背心。进馆要按先后次序进入，不可一哄而入。就座时，移动椅子不要发出声音，更不要为朋友占座。走路时脚步要轻，以免影响他人。阅读时不要读出声音，也不要和熟人交谈。不要利用图书馆睡觉，也不要在里面大吃大嚼。保持图书馆内的安静，将手机及其他电子产品调整为无声，在馆内不应拨打、接听手机，不应做与学习无关的事情。

查阅图书时，要轻拿、轻翻、轻放，爱护书刊资料。不能在书上乱涂乱画、撕页、污损或带走书刊。书刊应逐册取阅，不要同时占有多份，阅后立即放回原处，以免影响他人阅读。离馆时自觉把桌椅复位。借阅图书应按期归还，"热门书"更应速看速还。

2. 参观博物馆的礼仪

参观博物馆时，着装要干净、整齐，穿正装参观。在馆内应该始终保持安静，尽量不高谈阔论，更不能大声喧哗，随意拍照、合影留念。听讲解员讲解时要专心，不要出言不逊，妄加评论。对展品不能乱摸。博物馆参观人数较多时，不要拥挤，要按顺序边看边走。也不要在一件展品前长时间驻足，以免影响他人欣赏。超越他人时要讲礼貌，注意不要从他人面前经过，以免妨碍他人观赏，而应当从其身后走过。如果必须从他人面前经过，则应说："对不起，请让我一下。"

部分文物不能使用闪光灯拍照，尤其是古代的漆器、字画、纺织品、彩陶

等，因为在强光下会褪色。其次，部分展品如现代艺术、设计展品和借用外馆的交流展品，因为版权问题，不允许拍照。保持馆内清洁卫生，禁止随地吐痰、乱扔果皮纸屑，禁止在展馆内吸烟。

（三）在商场购物的礼仪

在商场购物时，不要大声喧哗、追跑打闹。自觉维护公共卫生，不随地吐痰，不乱扔果皮、包装袋等。当遇有雨、雪等天气进入商场购物时，一定要注意在商场门口将雨衣、雨伞、鞋底等加以清理，以免将过多的雨水或雪水带入其中，不但会弄脏环境，还容易使人滑倒，造成人身伤害。

在商场使用手推车时，注意停放位置，避免堵塞通道，用完应停放到指定位置。购买商品时，要用恳切的声调招呼售货员，可以称呼"先生"或"小姐""女士"，不要"喂喂"乱叫，更不能盛气凌人，用命令式的语气说话。当售货员正在为别的顾客服务时，可在旁边耐心等待，不要急于招呼，更不要用手猛敲柜台和橱窗。对易污、易损商品要轻拿轻放，万一污损了，就应当买下或照价赔偿。如果手有污渍，应避免触摸商品，尤其不可触摸食品。挑选后对商品不满意时，可以请营业员把商品取回，要客气地说一声"劳驾了"。如果挑选多次仍然不满意，可说一声"对不起，给你添麻烦了"。结账时保持间距，自觉排队。采购完毕离开柜台前，应对营业员的优质服务表示谢意。

（四）探望病人的礼仪

探望病人时，应选择适当时机，尽量避开病人休息和医疗时间。由于病人的饮食和睡眠比常人更为重要，所以不宜在早晨、中午、深夜以及病人吃饭或休息时前往探视，应在医院规定的时间内前往。若病人正在休息，应不予打扰，可稍候留言相告。按照日常的习惯，探望病人一般会带去一些礼品，可适当赠送鲜花、水果以及有利于病人健康的食品。

探病期间注意言行举止得当。由于特殊的心理状态，人在患病期间都相当的敏感。与病人谈话时，一般应先询问病人身体状况及治疗效果。在病人讲述病情时，要认真地听，不要心不在焉，左顾右盼。另外，在谈话的内容上，针对病人的焦虑心态要多说一些关心、鼓励的话，或释疑开导，或规劝安慰，以利于病人恢复平静稳定的心情，让病人感到愉快，淡化病痛带来的苦恼，以增强病人战胜疾病的勇气。不要向病人介绍道听途说的偏方、秘方，不推荐未经临床试验的药物。如病人的病情需要保密时，不要和病人一起去乱猜，已知道应保密的病情，更不能对病人进行暗示。

为照顾病人休息，谈话和逗留的时间应较短，注意避免谈论可能刺激对方或有关忌讳的话题。告别时，一般应谢绝病人送行，并询问病人是否有事相托，祝他早日恢复健康。

知识链接

共享充电宝租借使用礼仪篇

随着共享经济的推广，共享充电宝为广大市民带来了诸多便利。那么，在商场、咖啡厅等地租借使用共享充电宝时需要注意哪些文明礼仪？今天文明君邀您一起学习。

1. 仔细阅读使用须知，谨慎填报个人信息

租借充电宝前，根据官方提示扫码进入，按照步骤注册申请，仔细阅读承担责任及使用须知，谨慎填报勾选私人信息、信用额度等。

2. 正规渠道科学甄选，按规租借爱惜使用

通过商场、餐厅等正规平台租借，结合手机型号科学甄选合适的充电宝类型，按照规定爱惜使用，保持充电宝干净整洁，做到不污染、不损坏，并注意防水和防火。

3. 有序拿取文明礼让，把握时间及时归还

租借共享充电宝时，要注意遵守公共使用秩序，礼让给急需使用的人；注意控制时间，用完及时归还，请勿长期占用、据为己有。

4. 注重隐私保护信息，异常情况及时咨询

注重隐私保护信息，手机连接充电宝时选择仅充电模式，防止数据被恶意篡改。如果出现充电宝损坏、发热等异常情况，应尽快联系平台工作人员或直接放弃使用。

5．依照标准及时缴费，不慎损坏给予赔偿

归还后按照平台提示及扣费标准及时缴纳费用，请勿拖延欠款。若不小心损坏或遗失，应及时告知工作人员并给予赔偿，积极营造文明、有序、和谐的共享氛围。

三、交通礼仪——足行千里，步步为安

交通礼仪是指人们在乘坐公共交通工具时应该遵守的礼仪规范，是人们在社会交往中应该具备的基本素质之一。

（一）乘坐公交车的礼仪

1．上车有序，遵守秩序

在车站候车时，排队乘车，互相礼让，尤其是青年人不要凭着猛劲，乱挤乱撞他人。等候时宜站在车门的右侧，先下后上，车门打开时，宜等车上的人下来后再依次上车。男士、中学生或身体强壮者应让女士、小学生、老弱病残、孕妇先上车。上车后，主动投币或刷卡。雨天上车在车门前要收好雨具，以免影响他人。当汽车已经开动时，车下的人不宜再强行往车上挤。

2．乘车有礼，文明乘坐

乘车时，千万不要在车上高声说笑。在车上若想打喷嚏时，应用手帕捂住口鼻，防止唾沫四溅。雨天上车后，要处处为他人着想，如果拿了雨伞，要记得把雨伞的尖顶部分朝下，防止戳伤别人。行车期间不要与司机交谈，不携带易燃易爆危险品，不在车厢内吸烟，不吃带果皮壳的食物，不随地乱扔废弃物，不要将头、手、身体伸出车外。在做到有序乘车的同时，还要注意乘客之间的相互礼让，尤其是对那些老、弱、病、残、孕以及带着儿童乘车的人，在车上应该主动地将座位让给他们。

此外，乘车时，要保持衣着整齐，尤其是夏季，不要穿过分随便、太短太露的衣服，更不能赤膊赤足。

3．相互理解，宽容他人

当车上人多拥挤时，互相触碰是难免的，若是自己踩到或碰到别人，要及时向对方道歉；如被别人踩到或是碰到，千万不要立刻火冒三丈、出言不逊，

更不要因此而出现肢体冲突给任何一方造成身体伤害。有时，乘客与司机难免也会发生一些矛盾，这时，同样要注意相互体谅，千万不可采取过激的行为。在车厢内挪动时，动作幅度要小，不要过猛，以防碰撞他人。注意不要让他人占座位，不要在车厢内任意嬉闹。车厢内要保持安静、清洁，说话声音应放低。

（二）乘坐火车的礼仪

1. 车上就座应注重礼节

上火车后，应立即寻找座位。车票因价格不同，而使座位有所差别，如卧铺与坐席、硬座与软座，有无空调，等等。不要为图舒适而"另攀高枝"，去卧铺、软座、空调车厢占据不属于自己的座位。中途上车找座时，应先以礼貌用语向他人询问，不要硬挤、硬抢、硬坐。身边有空座时，则应主动请无位者就坐，不要占着不让，对他人的询问不理睬。在火车上，大家彼此要相互关心、相互照顾。别人行李拿不动时，应援之以手。有人晕车或病了，应多加体谅。下车的人若较多，应自觉排队等候。

2. 用餐的注意事项

在餐车用餐时，应节省时间，不要大吃大喝，猜拳行令。用餐完毕，应立即离开，不要借以休息、谈天。若不去餐车，则可在自己的车厢内享受所带的食物，或购买服务员送来的盒饭。尽量不要在车上吃气味刺鼻的食物，吃剩的东西不要扔在过道上，或投出窗外。在公用茶几上，也不要过多地堆放自己的食物。

3. 自己休息时不宜影响他人

坐火车的人大都行程较远，因此在火车上的绝大多数时间都是在休息。在车上休息一般不应宽衣解带，若非在卧铺车上就寝，脱鞋脱袜也不适合。不论天气多么炎热，都不要打赤膊，下装亦不应过于短小。不要当众更换衣服，或当众"袒胸露怀"，更不要把脚跷放在对面的坐席之上。

4. 车内与人交际要注意适度

主动向邻座之人打招呼问好。若有必要，还可对自己进行简单的介绍，如果对方反应一般，向其点点头，微笑一下，也是可以的。与邻座的乘客交谈，要注

意话题的分寸,不要瞎吹乱弹,大发牢骚。当他人兴致不高或打算休息时,应适可而止。有人跟自己交谈,不要置之不理。

(三)乘坐轮船的礼仪

1. 上船、下船时做到安全有序

不要为了争时间、抢速度,而有碍自己或他人的安全。上船,一定要按先后次序排队,有可能的话,应早到一些,以便在时间上留有余地。与长者、女士、孩子一起上船时,应请其走在前面,或者以手相扶。不要加塞、乱挤,从而使人拥挤不堪,进而产生可能危害安全的诸多问题。下船,要提前做好准备工作,与其他乘客要相互礼让,依次而下。

2. 携带行李要遵守有关规定

为了确保客轮的安全,乘船时不得随身携带易燃品、易爆品、易腐蚀物品、腐烂性物品、家畜动物以及其他的违禁品。登船之前必须接受对人身和行李的安全检查。对此,乘客要积极配合,不要加以非议或加以拒绝。

3. 寻找自己的座位,规范就位

在一般情况下,乘船是要对号入座的。国内客轮的舱位,大体上被分为头等舱、一等舱、二等舱、三等舱、四等舱、五等舱几种。它们大都提前售票,票价各异,对号入座,一人一座或一人一铺。所以,买到有座号、铺号的乘客,登船之后,要对号入座。若自己所买的是不对号的散席船票,则上船之后要听从船员的指示、安排,前往指定处休息,不要任意挪动或是自己选择地方。

4. 与人交际,热情有度

进入自己所在的客舱后,应向先到的周围之人打一声招呼。必要之时,还可对个人情况进行简单的介绍。如果对方有兴趣,则可以在大家各自安顿后,与之随意进行交谈。如果面对沉默寡言的人或喜欢安静的人时,一般不宜进行打扰,不要没话找话,对对方过分关心。另外,在船上与其他乘客聊天时,要多选择轻松愉快的、符合时尚流行的话题。对于海难、劫船、台风等一类耸人听闻的话题,非议船上服务或其他乘客的话题,以及传播小道消息、政治谣言的话题,都不要随声附和。倘若无邀请,一般不应前去其他乘客所住的客舱做客。最后下船时,不要忘了与周围的其他乘客互道再见。

（四）乘坐飞机的礼仪

1. 登机之前，做好安检

国内航班要求提前半小时到达，而国际航班需要提前1小时到达，以便留出托运行李，检查机票、身份证和其他旅行证件的时间。大多数机场的登记行李和检查制度效率很高，等待时间很短。但有时飞机起飞时间快到了，而自己却排在长长的人龙后面，这会使我们心生焦虑。这时一方面要注意礼节，耐心等候；另一方面也是提醒自己以后要提前去机场。有的航班在我们买机票时就为我们预留了座位，同时发给我们登机卡。登机卡应在候机室和登机时出示。乘客应先将有效证件、机票、登机卡交安检人员查验，放行后通过安检门时需将电话和钥匙等金属物品放入指定位置，手提行李放入传送带。乘客通过安检门后，注意将有效证件、机票收好以免遗失，只持登机卡进入候机室等待。上下飞机时，均有空姐站立在机舱门口迎送乘客。她们会向每一位通过舱门的乘客致以热情的问候。此时，作为乘客应有礼貌地点头致意或问好。

2. 遵守规定，维护乘机安全

在乘坐飞机时，通常规定任何乘客均不得携带枪支、弹药、刀具以及其他武器或凶器，不得携带易燃、易爆、剧毒、放射性物质以及其他有碍于航空安全的危险物品。在交付托运的行李之中夹带此类物品，一般也是不允许的。乘客在办理完毕登机手续之后，还必须接受例行的安全检查，此后方可登机。在进行安全检查时，每位乘客都要通过安全门，而其随身携带的行李则需要通过监测器。如有必要，安检人员还有可能对乘客或其随身携带的行李使用探测仪进行检查。在接受此类检查时，不应当拒绝合作，或无端进行指责。

在飞机起飞前，所有的客机均会由客舱乘务人员或通过电视录像片，向全体乘客介绍氧气面罩、救生衣的位置及正确的使用方法。此外，还将介绍机上紧急出口所在的位置及疏散、撤离飞机的办法。在每位乘客身前的物品袋内，通常还会备有有关上述内容的图示。对此一定要洗耳恭听，认真阅读，并且牢记在心。更重要的是切勿乱摸、乱动机上的安全用品，偷拿安全用品或私开安全门，不仅有可能犯法，而且还有可能危及自己和其他机上乘客的

礼仪与职业素养

生命安全。

在飞机飞行期间，一定要熟知并遵守各项有关安全乘机的规定。当飞机起飞或降落时，一定要自觉地系好安全带，并且收起小桌板，同时将自己的座椅调直。当飞机受到高空气流的影响而发生颠簸、抖动时，切勿自行站立、走动。

3．不出难题，尊重乘务人员

登上飞机之后，应对乘务人员平等相待。要尊重、支持、配合对方的工作，不要给对方乱出难题。飞机升空或降落前，乘务人员都要巡视、检查每位乘客的安全带是否扣好、座位是否端正、身前小桌板是否收起，此刻务必要服从其指挥。对其他方面正确的管理，也要无条件服从。万一遇上飞机晚点、停飞、返航或改降其他机场，应从大局着眼，少拿乘务人员出气。尤其是不要骂人、打人、侮辱人，更不要动辄聚众闹事，甚至拦截飞机起飞，或是飞机降落后拒绝下飞机。不要因为一些细枝末节的问题，而向乘务人员大发脾气或使用武力。乘务人员的工作很辛苦，因此要尽量少给他们增加麻烦。每当乘务人员送来饮料、食物、报刊，或是引导方向、帮助取放行李时，要主动向对方说一声"谢谢"，不要熟视无睹。

4．严于律己，约束个人行为

不侵占别人的位置。上飞机后，应在属于本人的座位上就座。不要前去抢占不属于自己的位子。坐好之后，腿、脚不要乱伸，尤其是不要伸到通道上，或是别人的座位上。不要贪图小便宜，顺手牵羊，偷拿不属于自己的公用物品。对于飞机上的一切禁用之物、禁动之处，都要"敬而远之"，不可出于好奇而乱摸乱动，甚至因此而危及飞机上全体乘客的生命安全。在飞机上切勿吸烟，此外，还要牢记机上禁用手机、手提电脑、调频收音机等有可能干扰无线信号的物品。在飞机上绝不能乱扔、乱吐东西，万一因晕机而呕吐，应使用专用的呕吐袋。不要当众更换衣服，不要脱去鞋袜。手提行李一般不超过5千克，其他能托运的行李要随机托运。在国际航班上，对行李的重量有严格限制，经济舱旅客可携带20千克的行李；公务舱的旅客可携带30千克的行李；头等舱的旅客可携带40千克的行李。如果多带行李，超重的部分按规定收取费用。

停机后，乘客要带好随身携带的物品，按先后次序下飞机，不要抢先出门。国际航班上下飞机后要办理入境手续，通过海关便可凭行李卡认领托运行李。下飞机后，如一时找不到自己的行李，可通过机场行李管理人员查寻，并填写申报单交于航空公司。如果行李确实丢失，航空公司会照章赔偿。

模块五 职业活动礼仪：让你的职场更具魅力

学习目标

1. 了解个人简历的构成及形式，掌握简历的撰写步骤。知道面试礼仪的重要性，掌握面试礼仪的着装及仪态要求。了解基本的就职准备，调整心态，顺利渡过入职适应期。

2. 了解职场形象的重要性，学会如何打造规范的职场形象，正确处理同事间的关系，掌握基本的办公室礼仪。

3. 了解商务拜访与接待礼仪的注意事项，了解宴请礼仪中的基本知识。熟悉商务拜访与接待的准备工作及各项基本程序，掌握中西餐商务宴请的主要流程。能够运用拜访与接待技能，根据商务宴请的具体情况，创造性地分析和解决交往活动中的实际礼仪问题，自觉培养礼仪意识，提高自己的素质和修养。

第一讲 求职面试：周全礼貌，赢在细节

一、简历撰写——进入职场的敲门砖

方莉莉求职记（一）

方莉莉是今年的应届毕业生，想在校园秋招上找到一份理想的工作。于是，

她做足准备,从网上找了一套特别全面的模板,根据模板要求把信息一一对应地填了上去,模板中有一栏工作经历需要填写,方莉莉心想"我刚毕业,也没有工作,就空着吧"。她信心满满地填完简历,只要看到自己心仪又薪资不错的企业,立马投一份过去,期待能够收到面试通知。可一个月过去了,方莉莉却没有收到任何一家公司的面试回复。

请问:方莉莉是哪里出了问题呢?

成功的简历就是一件营销武器,它向未来的雇主证明:自己能够成为满足他特定需要的人。简历的本质是为了证明自己有胜任这份工作的能力,方莉莉从网上找的模板虽然精美,但是并没有凸显她的关键能力。应届生的工作经历大多是空白的,在求职简历上该怎样放大自己的优势,扬长避短呢?

(一)个人简历

(1)概念

个人简历是求职人员给招聘单位发的一份简要介绍。包含自己的基本信息:姓名、性别、年龄、民族、籍贯、政治面貌、学历、联系方式,以及自我评价、工作经历、学习经历、荣誉与成就、求职愿望,等等。简历后面,还可以附上个人的获奖证明,如三好学生、优秀学生干部证书的复印件,外语四、六级证书以及工作经历的复印件等。

求职简历的格式写法并不固定,常用的有表格式、条文式、表格条文兼用式等几种。表格式是将有关内容放在表格中列出,其优点在于条理清楚,使人一目了然,缺点是受表格限制,需要多加说明的内容无法展开,有时分类比较困难。表格可以根据情况自己绘制,清楚易懂、美观大方、重点突出。条文式是分条列项地将有关内容加以说明,其优点是不受限制,可根据需要自有取舍,不宜归类的内容,只要写出即可,不必为划分类别浪费精力甚至出现错误,缺点是不如表格清楚,让人一目了然。表格条文兼用式是将上述两种格式结合起来,在不同的地方使用不同的格式,其兼用二者之优点,避开二者之缺点,使用比较广泛。

礼仪与职业素养

（二）撰写简历的要求

（1）逻辑清晰

要组织好个人简历的结构，做到条理清晰、结构严谨。简历的逻辑一般体现在以下几个方面：应聘的求职意向与简历的描述内容是否相关；个人信息与求职经历的真实性；排版的逻辑性等。

（2）内容相关

招聘时，人事部门的经理会收到堆积如山的简历，而看一份简历的时长在5～10秒。因此，为了获得面试机会，求职人员在简历中应该注意筛选必要的个人信息，切忌将个人履历简单叠加，应根据岗位招聘要求删减与求职无关的信息，个人简历的篇幅控制在A4纸的1～2页。

（3）重点突出

个人简历不是个人传记，必须突出重点。与申请岗位无关的信息要尽量少写或不写，而对申请岗位有意义的经历和经验绝不能漏掉。一是目标要突出，应聘何岗位，如果简历中没有明确的目标岗位，则有可能直接被淘汰；二是突出与目标岗位相关的个人优势，包括职业技能与素质及经历，尽量量化工作成果，用数字和案例说话。总而言之，简历应该强化能力重点，弱化自身劣势和不利信息。

（4）语言得体

求职简历中的语言要高度概括、简洁明了，避免主观性用词，措辞力求准确、恰当，不宜用口语、有歧义的词语或生僻词语；句法要求严密，一般不用感叹句和省略句；语气要求平实，不宜用抒情或夸张等修辞手法，多用数据、结果、细节来佐证，用词精准。

（三）撰写简历的步骤

（1）明确岗位需求

人事经理在筛选简历时，往往会侧重于观察简历是否达到招聘条件，如果达到了会考虑通知当事人来面试。所以，在撰写简历的第一步一定要关注对方的招聘条件，认真分析岗位职责，明确岗位需求，并在自己撰写的简历信息中努力匹配对方的要求,在个人经历中找到能够突出求职岗位需要的关键能力。

(2)小结个人履历

求职简历具有鲜明的求职性,目的在于使用人单位对求职人员产生注意和兴趣,进而提供面试的机会。求职简历是求职人员推销自己的广告,要突出自己的能力和优势。应届毕业生在工作经验上是短板,可以在空白的工作经历中凸显能力要素:各级比赛的荣誉、参与的社会实践、个人的重要经历及兼职情况等。例如,应届生成绩平平应聘销售岗位,可以在简历中凸显个人经历中善于沟通与吃苦耐劳等能力,但要注意具体化。除此之外,还可以凸显态度,表达主动学习的意愿。

(3)美化简历

求职简历设计要美观大方而又与众不同。如果是打印稿,排版格式要规范有序,不宜花哨,尽量不要用艺术字体和彩色字,排版要简洁明快,切忌标新立异。版面用A4标准复印纸,字体改成宋体或楷体,留一份PDF格式的文件做备用。如果是手写体,书写要整洁清晰,不宜潦草。要仔细检查已成文的个人简历,绝对不能出现错别字、语法和标点符号方面的低级错误。许多求职人员都是制作一份简历后,复印几十份,随时做好把复印的简历递给每一位招聘官的准备。建议撰写时不可一味套用模板,要根据每个公司的具体岗位进行简历的修改,尽量避免简历千篇一律,落入俗套。

投递简历的渠道

1. 招聘会的简历投递

利用招聘会现场沟通,设法了解企业的情况、岗位的具体职责、招聘要求等。在投递简历前可向招聘人员询问相关信息,然后对照自身条件、招聘要求考虑有无成功的可能性。

2. 网络招聘的简历投递

①关注招聘信息。有针对性地挑选网站,如"招聘"频道、各地的高校毕

生就业服务网站、高校网站的"招生就业"频道、企业网站的"人才招聘"频道等，适合毕业生的岗位相对集中。

②仔细筛选信息。网上的职位信息十分庞杂，要学会留心考察每条招聘信息的真实性和有效性。仔细浏览招聘单位简介、招聘职位介绍、信息发布时间、有效期等，必要时还可登录该公司的主页了解更多相关信息。

③选择合适的方式投递简历。找到了合适职位后，最好按照招聘方要求的方式进行投递。有些公司会在网上公布格式统一的职位申请表，要求填写后发送；有些公司不希望应聘者用附件形式发简历等等。按照招聘方要求在第一时间投递简历，将会较为顺利地进入筛选程序，并抢占先机。

④忌向一个单位申请多职。在网络求职中，向一个单位同时申请多个职位，并不能表明你的能力超人，相反，用人单位会认为你非常盲目，没有自己的目标，缺乏主见。因此，向一家单位同时申请多个职位的做法不可取。

⑤主动询问应聘结果。尽可能了解招聘方的联系方式、联系人姓名，在简历投递后通过电话、邮件等方式积极主动与招聘方联系，询问应聘结果。

课后拓展

职位描述：知名汽车品牌营销

工作内容：

1．负责完成公司各项销售业绩和工作指标。

2．维护客户关系，为客户提供优质服务。

职位要求：

1．表达能力强，具有较强沟通能力及交际技巧，有亲和力。

2．善于沟通，有强烈的赚钱欲望，自律能力强。

3．品行端正，无不良嗜好。

请同学们根据个人情况与招聘要求，制作一份属于自己的求职简历。

二、面试礼仪——决定成败的小细节

方莉莉求职记（二）

修改简历后，方莉莉终于收到了求职单位的面试通知。她兴奋得不得了，第一件事儿就是打开衣柜拿出了一件漂亮的红色小短裙。她心想，面试嘛，一定要穿自己最喜欢的衣服去。面试当天，方莉莉特别谨慎，想着早点出门给面试官留一个好印象。可是，出了门才发现，原本的计划路线在施工，得临时改变方案，更换一条新线路。以往40分钟能够到达的目的地，现在时间却得增加到一个半小时。等方莉莉慌慌张张赶到面试地点时，已经迟到了20分钟。她匆忙挤进电梯，来不及整理自己的着装就走进了面试大厅……

请问：你觉得方莉莉的面试会成功吗？为什么呢？

面试是整个求职过程中最重要的阶段，它通常是招聘单位录用之前的最后一道工序。服饰打扮、举止言谈、气质风度、文明礼貌，无一不影响着求职人员给面试官留下的第一印象。如何在众多求职人员中脱颖而出，为自己赢得机会，就显得至关重要了。我们在面试前、面试中和面试后都应该注意些什么呢？

（一）面试前的准备

（1）资料准备

① 简历。参加面试前要准备好个人简历、所需文具以及简历相关的各类证书及附件材料，时间允许的情况下，建议多准备一份复印件，以备不时之需。如果面试单位是外企，则应准备中英文简历各一份。出发前准备一个公文包或工具袋，再次检查物品是否携带齐全。

② 面试岗位。提前了解公司概况和岗位用人要求。通过企业官网、自媒体报道等渠道深入了解企业文化及近期动态，做到心中有数，知己知彼。如果求职人员对所要应聘的公司及岗位不了解，会让面试官觉得缺乏真诚。

③ 面试的路线。面试前一天要提前查询出行线路、当天所乘的交通工具及出行的天气，最后挑选最佳路线，计算行进时间。若能多备一个出行方案则更佳。尽量避免当天因为路况不熟或交通管制等原因迟到。

（2）形象准备

1）男士求职面试服饰礼仪

① 短发，清洁、整齐、不要太新潮。

② 精神饱满，面带微笑。

③ 刮胡须，饭后洁牙。

④ 短指甲，保持清洁。

⑤ 领带紧贴领口，系得美观大方。

⑥ 西装平整、清洁；西裤平整，有裤线。当然，也可着休闲西装，不系领带，自由搭配。

⑦ 西装口袋不放物品。

⑧ 白色或浅色衬衫，领口、袖口无污渍。

⑨ 皮鞋擦光亮，穿深色袜子。

⑩ 全身服饰颜色在3种以内。

2）女士求职面试服饰礼仪

① 发型文雅、庄重，梳理整齐，长发要用发夹夹好或梳辫，不能染鲜艳的颜色。

② 化淡妆，面带微笑。如果喷香水，应用香型清新淡雅的。

③ 嘴巴、牙齿要清洁。

④ 指甲不宜过长，并保持清洁。若涂指甲油，应选自然色。

⑤ 着正规套装，大方、得体。若穿裙子，长度要适宜。

⑥ 穿肤色丝袜，无破洞。

⑦ 鞋子适度带跟，光亮、清洁。

⑧ 全身服饰颜色在3种以内。

⑨ 配饰选择一个小巧耳环或胸针，切忌有太多的饰物。

参加面试的着装要符合身份，合乎自身形象，给人干净利落之感。男生做到干练大方，女生体现庄重俏丽，争取给用人单位留下良好的第一印象。

（3）提问准备

① 应答技巧。求职人员在应答问题时，要仔细聆听，保持全程面带微笑，若听不清提问可以再次确认提问内容。表达要把握重点，实事求是，展现个人特色。说话要口齿清晰，适当控制语速、语调，运用语言幽默，关注面试官反应。

② 问题预设。提前做好面试可能提问的准备，第一类是自我评价类，面试官常出现的提问是：请你做一下自我介绍。建议采用"我是谁＋我为什么参加面试＋为什么我可以胜任这份工作"的模式进行语言组织。第二类是应聘动机类，面试官常出现的提问是："为什么对这个职位感兴趣？""为什么你会觉得自己适合这个职位？"求职者可采用"职位相关能力＋成就感来源"回答前一个问题，用"对职位感兴趣＋可创造怎样的价值"来回答后一个问题。第三类是行为类，面试官常出现的提问是："5年内的职业规划是什么？"这个问题对未参加工作的应届毕业生来说，很难切入。可建议采用"表达积极完成工作的态度＋进一步对专业领域做研究的志向"来回答。面试问答提前准备3~5个为最佳，最重要的是面试时厘清自己的思路，面对提问逻辑清晰，态度大方。

（4）心理准备

求职人员在面试前都会产生紧张感，适度紧张可以提高面试的兴奋度，有利于更好地发挥。但是过于紧张会造成干扰，会导致面试发挥失常。求职人员要在面试前控制自己的呼吸节奏，将之调整到最佳状态，可对镜子训练微笑，克服紧张的心理，不断模仿面试场景增强自己的信心，提高自己的表达能力。面试也要调整自己心态，面试前，求职人员对竞争对手及薪资待遇的预期都要有自己的估计，既要克服自卑心理，也要摆正心态，打消脱离实际的幻想，从容应对面试。

（二）面试中的礼仪

（1）守时观念

准时赴约，守时是职业道德的一个基本要求，能看出时间管理观念，面试人员提前10~15分钟到达面试地点效果最佳，到达面试场地后可熟悉环境、稳定心神。若匆匆忙忙赶到，会被视为缺乏自我管理及约束能力，给面试官留下非常不

好的印象。如临时发生不可抗拒的意外情况不能按时赴约，要和用人单位主动陈述原因并表示歉意。

（2）举止文明

进入面试单位后要做到有礼有节、举止文明。对前台与接待员礼貌有加，使用文明用语，嘴边常挂"您好"和"谢谢"。若安排在面试室等待切忌四处张望、打探隐私、随意走动。面试前避免吸烟，以防止烟味沾染衣物，打开手机飞行模式或关机，取消手机闹钟，保持安静，等待面试。进门前要整理着装，通报负责面试的人，如果门关着，就要以里面听得见的力度敲门，听到回复后再进去，即使面试房间门是虚掩的，也应先敲门示意。入室后不要用手随意将门关上，要背对招聘者将门轻轻关上，缓慢转身面对招聘者，微笑点头示礼。开门关门尽量要轻，向招聘方各位行过礼之后，等待指令。

（3）注意面试仪态

加州大学洛杉矶分校的一项研究表明，给他人留下的印象，7%取决于用词，38%取决于音质，55%取决于非语言交流。面试过程中，恰当地使用非语言交流的技巧，将会带来事半功倍的效果。

1）坐姿

在没有听到"请坐"之前，绝对不可以坐下，面试官还没有开口，就顺势坐在椅子上的人，已经扣掉了一半分数。入座时要轻而缓，不要发出任何嘈杂的声音。并拢双膝，把手自然地放在上面，身体可稍向前倾，表示尊重和谦虚。面试过程中，身体不要随意扭动，双手不应有多余的动作，双腿不可反复抖动，这些都是缺乏教养和傲慢的表现。

女士入座前，应用手背扶裙，坐下后将裙角收拢，两腿并拢，双脚同时向左或向右放，两手叠放于腿上。如长时间端坐可将两腿交叉叠放，但要注意上面的腿向内回收，脚尖向下。男性就座时，双脚踏地，双膝之间至少要有一拳的距离，双手可分别放在左右膝盖之上，若是面试穿着较正式的西装，应解开上衣纽扣。坐定后，身体重心垂直向下，腰部挺直，上体保持正直，两眼平视，目光柔和。坐下后切忌将双手夹在腿中间或放在臀下，也不要将双臂端在胸前或放在脑后，将双脚分开或脚伸得过远，切忌手舞足蹈、抖动双腿。尽可能保持正确的坐姿，如果坐的时间长，可适当调整姿态，以不影响坐姿的优美为宜。有些人因为紧张，无意识地用手摸头发、耳朵，甚至捂嘴说话，虽然我们是无心的，但面试官可能会因此而认为我们没有用心交谈，还会疑心我们话语的真实性。

2）面试眼神

若是一对一的面试，求职人员的目光要真诚、自然，既不能死盯对方的眼睛，也不能东张西望、左顾右盼，要与面试官保持目光接触，以示尊重。视线的处理，眼睛最好看着对方的眼鼻三角区（即"社交区"），要时不时地移动一下眼神。若面试人员不止一个人，回答问题时一定要以目光环视其他人，而将焦点集中在主面试官身上。如果其他面试人员对我们单独提问，一定要将焦点转移到他身上，答题时注意面带微笑，回答完后再转移回来。思考问题时可以看着对方身后的墙，不要看天花板或窗户外边，切忌目光游离。

3）集中注意

无论谈话投机与否，或者对方有其他的活动，如暂时处理一下文件，接个电话等，我们都不要因此分散注意力，不要四处看，显出似听非听的样子。如果我们对对方的提问漫不经心，言论空洞，或是随便解释某种现象，轻率下断语，借以表现自己的高明，或是连珠炮似的发问，让对方觉得我们过分热心和要求太高，以至于难以对付，这都容易破坏交谈，是不好的交谈习惯。

（三）面试后的礼仪

面试结束后，无论是否被通知录用，都要礼貌相待、握手道别。与用人单位的人力资源经理抽出时间与自己见面表示真诚感谢，表示期待有进一步的面试机会。这样，既保持了良好关系，又表现出优良的人际关系能力。离开办公室时，把自己的椅子扶正，退至门口再次示意后离开。在一般情况下，面试官组每天面试结束后，都要进行讨论和投票，然后送人事部门汇总，最后确定录用人选，可能要等3～5天。求职人员在这段时间内一定要耐心等候消息，不要过早打听面试结果。

一般来说，如果在面试两周后，或在面试官许诺的通知时间到了，还没有收到对方的答复时，就应该写信或打电话给招聘单位，询问是否已做出了决定。应聘中不可能个个都是成功者，万一我们在竞争中失败了，也不要气馁。就业机会不止一个，关键是必须总结经验教训，找出失败的原因，并针对这些不足重新做准备，"吃一堑，长一智"，谋求"东山再起"。

礼仪与职业素养

知识链接

心理学上的面试小技巧

方法一：提前了解所有的面试细节。从心理学的角度来说，我们对一件事情越了解，我们在处理的过程中就越不容易紧张，所以作为求职人员，我们在提前准备的过程中就要关注整个面试本身，了解从进场到离场所有的过程，了解结构化面试的所有题型，这样我们才能在面试的过程中从容不迫，也才能有好的心态。

方法二：进场之前要进行积极的心理暗示。这一点尤为重要，要知道我们在面试的过程中心态上难免会有很大的波动，要想克服这种状态，积极的心理暗示很关键，否则我们在实际面试的过程中就会出现心态失衡的问题。从心理学的角度来说，觉得自己很多工作能做好，往往会给我们带来好的工作状态，更有助于我们工作的成功。所以积极的心理暗示非常关键，进场之前一定要积极地对自己多说几句"我可以"。

方法三：进场之前进食甜食。在心理研究过程中，心理学家发现，人在进食甜食后，心态会明显变得比较愉悦。从专业的角度来说，进食甜食有助于人体内多巴胺的分泌。所以求职人员在进场的时候进食甜食，有助于求职人员在进场后有良好的心态，这一点非常关键和重要。很多求职人员会感觉面试和饮食毫无关系，但是由于面试是一种面对面的交流形式，这种形式决定了饮食、心态会对面试有非常重要的影响。

课后拓展

以下是面试常见的10个问题，请挑选其中3个进行准备。

1．你认为自己最大的弱点是什么？
2．你能为我们公司带来什么呢？
3．最能概括你自己的3个词是什么？
4．你对加班有什么看法？
5．你参加过什么业余活动？

6．有过创业经历吗？

7．在以前的公司都从事什么样的工作？

8．请告知工作上成功与失败的地方？

9．请谈谈你对薪酬待遇的看法。

10．你的近3年职业规划是什么？

三、就职准备——胸有成竹的底气

方莉莉求职记（三）

在经过一番失败的打磨后，方莉莉终于如愿获得了工作机会。人事主管说，最近公司的项目多，特别缺人，原本新人进单位有就职培训的，现在培训只能延到手头的项目结束，大概在3个月后。她给了方莉莉一周的时间，发了一些员工守则和企业相关资料，希望方莉莉能尽快入职。方莉莉心里有点迷茫，没有就职培训，那她这个刚毕业的"小菜鸟"得做好哪些攻略呀？

请问：方莉莉该做哪些准备才能顺利就职呢？

（一）资料准备

在工作之前最好能够收集到一份关于自己岗位的工作职责，进行有针对性的学习，提前学习相关的工具，如学习基本的办公软件应用，提前了解岗位的具体分工，熟悉同事等。在尽可能短的时间内消化吸收，给自己争取工作入职以后的主动权。

（二）适应准备

首先，从照顾好自己开始。迈出校园，踏入职场，必须做好独立生活和工作的准备，要提前规划好自己各方面的生活需求，在衣食住行方面都要落实到位。尤其是在校生对职场礼仪方面都较为陌生，大多数新人在求职季才买了自己的第一套正装和皮鞋。这个时候，其实可以通过咨询专业人士或查阅相关书籍弥补经

验的空白。

其次，要准备适应新环境，快速进入工作角色。职业人士和在校生的身份有着很多不同之处，角色的转变和环境的适应时间有长有短，因人而异。主要不同有三：一是目的不同。对于学生来说，努力的目的是学到知识，考个好成绩；而职业人士的目的是完成公司交给的某项工作。二是所需技能不同。学生所需的技能是良好的记忆力和逻辑思维能力，而作为职业人士完成任务需要的技能更加综合。三是工作方法不同。学生的学习方法与经验积累是个人奋斗打拼的行为，每位学生为自己的成绩负责；而作为职业人士，更强调的是团队合作，项目共赢。

（三）心态准备

从在校生转变为职业人士，心理准备不充足，在理想与现实之间出现难以愈合的落差，都会产生强烈的失落感。失落感是一种多重消极情绪组成的情绪体验，如忧伤、苦恼、沮丧、烦躁、内疚、愤怒、心虚、彷徨、痛苦、自责等。职场之路并不平坦，对于很多新员工来说，消除失落感本身就是一次浴火重生的挑战。如何摆脱失落感，可以从以下两个方面着手：

1．制定目标，转换心境

尽快树立工作后的职业发展目标。入职前就要做好职业发展的目标定位，较早地明确自己的职业方向。根据能力状况及客观条件制定合适的目标。一个适当的目标使行动具有了成功的极大可能性。实现目标的过程中，我们既可以感受到全情投入、废寝忘食的艰辛和不易，也可以体味到"一分耕耘，一分收获"的欣慰和快乐。反之，目标太低，不仅难以发挥自己的最大才能，亦会因为太容易成功而沾沾自喜。目标过高，更会产生实现不了的失落感。

2．转变角色，调适心情

工作后身份、角色都要进行转变，在入职前应该尽快让自己静下来，去除由于频频应聘带来的躁动和不安，忘却由于同学各奔东西带来的眷恋和惶惶不可终日的空虚，投身新的工作环境并迅速地适应它。静是什么呢？静，是不再处处依赖父母的呵护，事事请求他人的指导，静下心来，独立地思考和解决生活中遇到的问题；静，是在入职前就进行基于现实的职业规划，努力倾听内心的声音，想想自己到底要做什么，确立自己的目标，并心无旁骛地实现它；静，是摒弃浮躁，准备好做小事情，踏踏实实地做好眼前的事情。无论遇到怎样的困难，不要怨天尤人或者过早地收回热情，全力以赴是成就一番事业必备的品质之一。心静不下来怎么办呢？当自己感到烦躁的时候，首先迅速找到"情绪源"，清楚我们到底为什么而烦恼。

（四）健康准备

当今社会生活节奏很快，不论年龄和职业，我们都需要保持健康的体魄。俗话说"身体是革命的本钱"，没有一个健康的身体，一切都无从谈起，也就无法承受工作的压力，还可能随时被工作压垮。所以我们要养成良好的饮食习惯，合理均衡进食，避免摄入过量的垃圾食品，适当锻炼身体，保持运动，养成每天锻炼30分钟的习惯，可以参与游泳、骑行、散步等活动，或进行自己最喜欢的运动来保持健康体魄。除了锻炼，还需要良好的睡眠和休息以保持健康状态，从小的生活习惯开始培养健康的生活方式。

职业规划

职业规划也叫"职业生涯规划"，是对职业生涯乃至人生进行持续的、系统的、计划的过程。其规划的具体方法如下。

从问自己是谁开始，然后顺着问下去，共有5个问题：

第1个问题"我是谁？"应该对自己进行一次深刻的反思，有一个比较清醒的认知，优点和缺点，都应该一一列出来。

第2个问题"我想干什么？"是对自己职业发展的一个心理趋向的检查。每个人在不同阶段的兴趣和目标并不完全一致，有时甚至是完全对立的。但随着年龄和经历的增长而逐渐固定，并最终锁定自己的终身理想。

第3个问题"我能干什么？"是对自己能力与潜力的全面总结。一个人职业的定位最根本的还要归结于他的能力，而他职业发展空间的大小则取决于自己的潜力。

礼仪与职业素养

　　第四个问题"环境支持或允许我干什么？"这种环境支持在客观方面包括本地的各种状态，如经济发展、人事政策、企业制度、职业空间等；人为主观方面包括同事关系、领导态度、亲戚关系等，这两方面的因素应该综合起来看。有时我们在职业选择时常常忽视主观方面的东西，没有将一切有利于自己发展的因素调动起来，从而影响了自己的职业切入点。

　　明晰了前面4个问题，就会从各个问题中找到对实现有关职业目标有利和不利的条件，列出不利条件最少的、自己想做而且又能够做的职业目标，那么第5个问题有关"自己最终的职业目标是什么"自然就有了一个清楚明了的框架。最后，将自我职业生涯规划列出来，形成个人发展规划书档案，通过系统的学习、培训，实现就业理想目标：选择一个什么样的单位，预测自己在单位内的职务提升步骤，个人如何从低到高逐级而上。

课后拓展

　　根据自己个人情况，完成一份500字左右的职业规划。

模块五 职业活动礼仪：让你的职场更具魅力

第二讲　工作相处：守好距离，珍惜相处

一、职场形象——脱颖而出的秘密武器

案例呈现

方莉莉求职记（四）

方莉莉进入公司后，跟着小张师傅学习。因为工作忙，每天对自己的穿着不甚在意，T恤、牛仔裤和运动鞋成了工作日的标配，如果起得晚就干脆妆也不化，每天风尘仆仆的。这天，茶余饭后，小张师傅从头到脚打量了方莉莉，摇了摇头。莉莉很是不解，一下就着急了，是她的工作出现了问题吗？

小张师傅神秘莫测地摆摆手说："给你说个事儿吧，就上个月，公司也来了两个实习生，业务能力都很出色，水平也不相上下，唯一区别的是她们中的一个在穿着打扮上比较随意，平时多以休闲为主，而另一个则每天都会精心打扮，对妆容和服饰的搭配极为讲究。结果，实习期结束之后，穿着普通的妹子就落了选，她还很不服气，觉得老板每次向客服提案时都把主要任务交给更好看的妹子。因为落选了，还在公司大哭了一场。"

方莉莉听完一脸疑惑，小张师傅是什么意思呢？长得好看就可以转正吗？
请问：
1. 方莉莉明白小张师傅的意思了吗？
2. 职场中难道凭长得好看就可以升职加薪？

美国纽约大学的研究人员发现，对于第一次见面的人，我们的大脑会在最初的7秒内做出11项重要决定，这便形成了对一个陌生人的第一印象。而在职场中，给他人留下好印象的关键在于塑造自己的职场形象。职场形象代表的不仅是生活态度，更是自我管理能力的体现，说明其拥有更强的自律性和自我约束性，

而这种特性，也正是职场工作所需要的。如何让自己在职场中脱颖而出呢？

（一）塑造职场形象的作用

职场形象指的是我们在职场中公众面前树立的印象，具体包括外在形象，如着装、造型等，也包括内在性格的外在表现，如气质、举止、谈吐、生活习惯等。尤其是在非语言条件下，我们的职场形象是给领导、上级、同事或客户等留下的第一印象。他人通过我们的衣着打扮、言谈举止判断我们的专业态度、技术和技能。无论我们是初出茅庐的大学毕业生，还是工作经验丰富的职场人，职场形象就是一张"个人名片"。一个良好的职场形象能够提高个人竞争力，带来更多的工作机会。例如，初次拜访客户，对方无法直接估量我们的业务能力，那么外在形象就成为他们判定的指标之一。所以管理好自己的职场形象可以说就是职场核心竞争力的一部分。

（二）如何打造职场形象

1．保持仪表整洁

干净、整洁是个人礼仪最基本的要求。包括面容、头发、脖颈、耳朵、手、服饰等方面的整洁。面容要看上去润泽光洁，耳朵、脖子要干干净净，头发要松软亮泽，发型整齐。一般来说，男性不宜留有长指甲，女性如果留有长指甲，一定要修剪整齐，并保持洁净。口腔卫生也是个人仪表仪容整洁的重要内容之一，主要应注意口中无异味，早晚刷牙饭后漱口，多喝水，多吃清淡食物。如果吃了味道强烈的食物，可在口内嚼一点茶叶、红枣或者花生，以帮助减少口腔异味。

2．重视职场着装

常言道"人靠衣妆马靠鞍"，现代职场，尽管以貌取人并不可取，但是着装礼仪越来越受到大家的重视。如果我们希望在职场建立良好的形象，那就需要全方位地注重自己的仪表，从衣着、发式、妆容、饰物到仪态等。衣着某种意义上表明了我们对工作和生活的态度。职场上，得体的穿着，用心的搭配，恰到好处的妆容，不仅能够反映出我们的专业素养，更能表现出自己对工作氛围的尊重。下面以职场中出席商务场合的正装为例。

（1）男士职场着装原则

①三色原则。三色原则一直以来都是男士着装礼仪中重点强调的内容，主要

指正式场合男士身上服饰的色系不应超过 3 种，包括上衣、下衣、鞋子、领带和衬衫。

② 有领原则。有领原则说的是正式场合的着装必须是有领的，无领的服装，比如 T 恤，运动衫一类不能成为正装。男士正装中的领通常体现为有领衬衫。

③ 纽扣原则。绝大部分情况下，正装应当是纽扣式的服装，拉链服装通常不能称为正装，某些比较庄重的夹克事实上也不能称为正装。

④ 皮带原则。男士的长裤必须是系皮带的，通过弹性松紧穿着的运动裤不能成为正装，牛仔裤自然也不算。即便是西裤，如果不系腰带就能很合身，那也说明这条西裤腰围不适合你。

⑤ 皮鞋原则。正装离不开皮鞋，运动鞋和布鞋、拖鞋是不能搭配正装的。最为经典的正装皮鞋是系带式的，不过随着潮流的改变，方便实用的无带皮鞋也逐渐成为主流。

（2）女士职场着装原则

① 讲究符合自我个性。对于在职的女性而言，服饰穿着首先要稳重，尤其是在政界、工商界、金融界和学术界。打扮过于时髦会让人觉得处事不太严谨。

② 注重配饰点缀。除了主体衣服之外，鞋袜手套的搭配也要多加考究。正式场合不宜穿凉鞋或靴子。巧妙佩戴饰品可起到画龙点睛的作用，给女士增添色彩。

③ 讲究与场合协调。对商务女士而言，职业套装更显权威，职场中身着套装使人看起来干练、自信。如果不穿套装，日常搭配可以在上衣外面套上一件西装外套或是针织衫，会令休闲的着装增添正式感。

公司与公司之间，正确的职业服装标准不一样，要根据该公司经营的种类、产品或服务的性质、公司位置、公司历史与传统等等来确定。例如，苹果公司的创始人乔布斯的牛仔裤、黑色套头衫的经典着装引领了硅谷高科技公司的着装风格。而硅谷的影响，又使越来越多的行业开始走舒适和个性路线。所以，职场着装没有标准答案，做到应时、应地，简洁大方、成熟稳重即可。

3. 培养职场亲和力

亲和力指的是一种与其他人情绪同步，并且使对方乐意与其沟通的能力。在职场沟通时，亲和力就是一种"自己人效应"的能力，对于自己人我们都会愿意

积极沟通，并乐意互相帮助的，这就会使得沟通成本低、效率高。

那么，该如何培养职场亲和力呢？

第一，寻找并建立共同点。首先，找出彼此间经历或者目标上的共同点。越和我们相似的人，彼此之间的亲和力就越高，所谓物以类聚就是这个道理。如何寻找这种共同点？通常有两种方式：一种是主动寒暄、主动问候，问候是一种礼貌，很多时候我们不经意的举动，或许就会让对方觉得我们很有亲和力；另一种是在沟通前先明确大家共同的目标与痛点，要锻炼自己的敏感度，善于寻找共同点。其次，建立情绪共同点。情绪同步是指我们能快速地进入对方的内心世界，能够从对方的观点和立场看事情、听事情，感受或体会事情。最后，我们需要建立表达方式上的共同点。比如我们需要同步语言表达方式和肢体语言等。

第二，投其所好。所谓投其所好，不是指阿谀奉承之类，而是指用对方的频率或者习惯来让对方感受到我们的真诚。比如沟通中，有些人是听觉型的，善于处理图像信息，语速快，呼吸急；有些人是视觉型的，说话平稳，喜欢侧耳倾听；有些人是感觉型的，说话比较慢，需要停顿思考，喜欢用肢体语言。所以，我们必须要用对方易于接受的方式来表达自己。

4．端正个人仪态

（1）坐姿

正确的坐姿是身体坐在椅子的三分之二处，上身保持正直，胸部自然挺直，立腰收腹，肩平头正，目光平视，两手自然放于两膝，也可放在椅子或沙发扶手上。男士坐姿应两腿平行，与肩同宽。女士坐姿应双膝自然并拢，双腿正放或侧放，双手自然摆放在腿上。与人交谈时，身体要与对方平视的角度保持一致，以便于转动身体，不得只转动头部。

（2）站姿

站立时要头正肩平，不可晃动身体。男士主要体现出阳刚之美，抬头挺胸，双脚大约与肩膀同宽站立，重心自然落于脚中间，肩膀放松。女士则体现出柔和轻盈之感，平日可采用小八字或丁字步站立。

（3）交谈

商务职场上的交谈应当体现对他人的尊重，要谈吐文明、温文尔雅、话题适宜。说话时尽量用敬语，如"请""谢谢""对不起"，称呼别人"您"而不说"你"，态度一定要诚恳，语速、音量要适中。谈话中需要顾及谈话对象以及在场的人士，例如不分场合地使用外语或方言，会使他人感到有卖弄学问或有意不让听懂的潜意识。与多人交谈时，应不时与在场所有的人都谈上几句，切忌突然对其中一人窃窃私语或凑到耳边小声说话，如果需要私人会谈，应委婉示意请对方退到一边继续谈话，并对在场的其他人表示歉意。商务场所的谈话距离一般在一米左右。交谈时，尽量保持身体的挺直，不可歪斜。依靠着墙壁、桌椅而站，双腿分开的距离过大、交叉，手中玩弄物品，心不在焉等都是不雅观和失礼的行为。

（4）手势礼仪

手势礼仪的基本要求是自然优雅、规范适度，不要给人留下"指手画脚"和粗鲁夸张的印象。手势能辅助表情达意，又可以展示个性风度，在"体语"大本营中，它是一个引人注目的"角色"。同时，它也是人们交往时不可缺少的动作，是富有表现力的一种"体态语言"，可以加重语气，增强感染力。与人交谈时，讲到自己不要用手指自己的鼻尖，要用手掌按在胸口上；谈到别人时，也不可用手指别人，更忌讳背后对人指指点点。

（5）行走

走姿的规范要求包括：上身挺直，双肩平稳，目光平视，下颌微收，面带微笑。穿着职业装的走姿应当挺拔优雅，男士不可随意晃动身体，女士避免左右摆髋。靠道路的右侧行走，遇到同事、主管要主动问好，行走过程中应避免吸烟、吃东西、吹口哨、整理衣服等行为。上下楼梯时，应让尊者、女士先行。多人行走时，注意不要因并排行走而占据整个路面。碰到急事可以加快脚步，但切忌在公司或楼道里奔跑。

（6）递接物品

递接物品是日常生活和工作中的常见互动，接取物品时，主要注意目视对方，而不是只顾注视物品，尽量使用双手接递，这样能体现出对对方的尊重。如果在特殊场合无法使用双手时，一般要求用右手递接物品，不能单用左手，必要时应当起身站立，主动走近对方递接物品。若递接物品带尖、带刃，则使尖刃朝向自己或朝向他处，不可直指对方。

知识链接

心理学的"首因效应"

大家听说过"首因效应"吗？心理学上的"首因效应"，指的是对一个人的整体印象，很大程度取决于第一印象的效应。

人在见面数秒之内就会决定对方的印象，最初印象的冲击是强烈且难以覆盖的。"首因效应"不仅会影响人们的整个人际关系，在商务场合等情境下还有利于给初次见面的人留下一个好印象。

比如说，与人攀谈时缺乏自信的话，别人会认为你是一个看起来怯生生的人，感到不放心。相对的，如果开始说话就干净利落，举手投足间彰显自信，别人就会认为你这人很踏实，感觉靠得住。因此，无关本人真实性格如何，攀谈之初就拿出自信给人留下好印象的话，就能够获取对方的信任。

所以，为了给初次谋面的人留下好印象，刚见面不久的时间是最重要的。但愿大家都能通过"首因效应"建立起良好的人际关系。

课后拓展

英国亚伯泰丹地大学对女性妆容与领导能力的关系进行了研究，结果显示，不管是男性还是女性，都更看好那些素颜女领导者。研究人员随机挑选了16名女士，先对其素颜进行拍照，又让电脑推荐合适的妆容，然后让168名男性和女性评价哪些照片上的人在他们看来更有领导能力，结果他们普遍认为妆越浓，领导能力越差。可能他们觉得处在领导席位的女性，不需要良好的妆容为其加分。

那么，你认为职场女性需要化妆吗？

◆ 正方：需要化妆

正方理由："工作压力太大，化妆就像灰暗生活里的一点光亮，每天从化妆开始，让纷乱的生活变得有那么一点精致和不同。""化妆给人好的气色，让你在职场谈判交流时更锦上添花、如鱼得水，繁重的工作得以有条不紊地展开。"

◆反方:不需要化妆

反方理由:"繁忙庸碌的平凡日子,加班熬夜做不完的工作,寥寥应付温饱的餐食,每个人都在为了生计忙碌,多睡一会不好吗?""单位同事都是每天抬头不见低头见的亲人","既然是亲人,坦诚相见也挺好的呀。"

请分成正反两方,完成一场主题为"职场女性需要化妆吗"的辩论赛。

二、同事关系——立足职场的必备守则

方莉莉求职记(五)

方莉莉进入一家以软件开发为业务的公司设计部时,部长把她安排给一个仅有高中学历的同事老赵做助手。老赵是一个待人热情、工作上也积极肯干的中年男人,只是性格有些古板,因为学历的原因,迟迟得不到上级提拔,眼看着那些年轻但没有太多经验的大学生一个个都升迁了,他内心很是不平衡。由于刚入职不久,方莉莉在工作上免不了被批评与指责,时间一长,与这样的前辈一起工作,她总是感觉到一种压力,便采取工作之外敬而远之的态度,除非是工作上有需要才与他多说几句话。慢慢地,老赵心里产生了隔阂,他觉得方莉莉看不起他。于是,两人之间产生了一种对抗情绪,在工作上也各持己见,总无法得到调和。后来,老赵给方莉莉的实习评价打了不及格,向领导提出方莉莉太过于娇气和傲气,不能再做搭档。方莉莉非常委屈,虽然被调到另一个岗位,但是她坚定地认为自己没有错,分内工作也都完成了,因为不打招呼就给不及格吗?

请问:你觉得方莉莉错了吗?

同事交往的基本原则是平等与相互尊重。在这个案例里,方莉莉没有积极地化解矛盾,缺乏必要的沟通,而老赵触角又过于敏锐,于是就造成了彼此的误会。其实方莉莉可以主动解决他们之间的问题。例如,她可以适当地称赞对方,经常向老赵请教较易解决的问题,这样容易使对方产生一种满足感,两个人就能

礼仪与职业素养

和平相处。要知道，办公室里的同事关系不同于家人和朋友，能否处得和谐、融洽，对工作是否轻松愉快有着很大的作用。

（一）同事关系相处法则

与同事建立友好、融洽的关系是在职场中顺利开展工作的基本前提之一。美国学者布吉尼教授曾经提出一个人际交往的3A原则，即接受（Accept）、重视（Appreciate）、赞美（Admire），可以让我们在职场中成为受欢迎的交谈对象。

1．接受（Accept）：接受对方原则

① 要严于律己，宽以待人，接受别人是最重要的。

② 在人际交往中，最不受欢迎的人是比较刻薄的人。自以为是、嚣张放肆、目中无人的人也不受欢迎。

③ 接受的三个要点：一是接受交往对象。例如，老师不能拒绝学生；商家不能拒绝顾客。二是接受对象的风俗习惯。习俗是长期的文化习惯，很难说谁对谁错。少见多怪的人不容人，见多识广的人比较宽容待人。三是接受交往对象的交际礼仪。

在职场上，每个同事的生活习惯、教育背景、成长经历都是有差异的。我们要学会接受这些差异性，不管他来自哪里，在什么岗位，有多大能耐，我们都应该没有芥蒂地接受他。也正是因此我们不可能期待同事都变成自己喜欢的样子。

2．重视（Appreciate）：重视对方原则

要让对方感觉自己受到重视，不要让人家觉得受冷落。重视别人不是让人难堪尴尬，而是欣赏和重视。例如，有些人专爱找缺点、挑毛病来满足自己的小虚荣心，言下之意——看这点我就比你强！搞得谈话不愉快，这是最不明智的做法。

此外，在同事关系上，我们要重视对方，交谈中要善于使用尊称，根据行政职务、技术职称来称呼。要记住对方，比如，接过名片要留心查看，不能张冠李戴。如果对方说话尖酸刻薄、讥讽嘲弄，我们所要做的就是挖掘他语言和行为的正面意义，以积极正向的心态给予反馈。

3．赞美（Admire）：赞美对方原则

赞美如阳光，人人都需要。想象一下我们从小到大，学习、考试、工作、生活，哪一样不想赢得别人的赞美和夸奖？在我们的心底深处，都渴望着别人的认可和肯定，这是人的本性，是上进的内在动力。我们要以欣赏的态度肯定对方，要实事求是地赞美别人的长处。好同事也是被夸出来的。

赞美别人实际上是一种爱的传递，也可以说是换个角度赞美自己。这样不仅表明了我们虚心、宽容，善于向别人取长补短，而且投射出自己的内心充满了积极正向的能量，是一个爱自己也爱别人的人。但是赞美对方要注意的是，赞美不是瞎吹捧，一定要实事求是，不能太夸张，要夸得具体，夸得有艺术。

（二）职场中的同事关系

1. 平行关系协调

平行关系是工作中处于同一组织层次和部门同事之间的关系。同事关系是根本目标利益，都是为了工作有序地进行，所以同事之间要搞好协调，精诚团结，密切配合。

（1）互相尊重，平等相待

尊重同事的人格，尊重同事的意见，尊重同事的工作和劳动。互谅互让，不能随意散布有损他人人格的言论，做出有损他人形象的事情。为了更好地完成工作，对于自己分内的工作应该多与其他同事商讨、交流，积极主动地征询他们的意见，采纳他们合理的建议。

（2）相互信任，不要权术

要为人正直，光明正大，做到言行一致、表里如一。与人交往，守信用才能取得信任；说话算数，言而有信，才能获得信誉。同事之间相交，失去了信任，就失去了一切。守信，是立身处世之本。同时，信任是建立在不乱猜疑的基础上的。同事之间切记不要在上级那里打小报告，在听到闲言碎语时，不要听风就是雨，要认真分析，明辨是非，做到心术要正，眼睛要明，耳根要硬，不受错误东西的干扰，不让别有用心的人利用。

（3）互相合作，平等竞争

即使再聪明的人，一旦脱离了群体的合作与帮助，都将会一事无成。只有归属群体，才能使自己的工作能力得到充分的发挥，价值得到更充分的体现，也才能创造出更突出的成绩。同事之间既是天然的"合作者"，又是潜在的"竞争者"。合作中包含着竞争，竞争中包含着合作。合作推动竞争，竞争又有助于更好地合

礼仪与职业素养

作。只有在为事业而共同奋斗中，在学习、工作和为国家人民做贡献上开展竞争，为同事的进步成长提供条件和帮助，衷心鼓励同事在事业上冒尖，不设置障碍、争名争利，才能赢得同事的尊重。

2．上行关系协调

我们把与顶头上司的关系称为对上关系协调或上行协调。

（1）尊重而不恭维

对上级领导首先应该尊重，尊重领导者，不仅是对领导者个人的尊敬，而且是顾全大局、支持工作的表现。特别是在正式的、严肃的工作场合，要讲究礼节，维护领导者的威信。但是，这种尊重不是恭维，不是畏首畏尾，更不能奴颜婢膝地讨好领导。过分的恭维不仅得不到领导的好感，反而会降低自己的人格和威信。尊重领导最主要的表现就是支持和服从，在工作中要主动请示汇报，自觉接受上级的领导，树立上级领导的威信，甘当无名英雄。应对批评时理解领导的用意，克制缓解自己的对抗情绪，表现出应有的气量，不要顶嘴。认为有委屈和误解的私下解释。

（2）服从而不盲从

无条件服从，如果认为领导有错，一般来说，为了顾全大局也要服从。但这种服从不是盲从，而是在组织服从的前提下，要采取适当的方式向领导者阐明问题的严重性或在实际行动上有所保留、修正和变通。对于那些违法乱纪或以权谋私的行为，不仅不能服从，还要坚决抵制和反对。

（3）到位而不越位

作为下级在协调与上级领导关系时，一定要明确自己的角色地位，做到尽职尽责，到位而不越位。首先，直接向负责自己的领导请示和汇报情况，不应越级请示汇报，也不应接受多头领导，在没有获得授权的情况下不能代替领导行使本属于他们的职权。其次，要有事业心、责任感，主动积极地做好工作，对工作进度和问题要定期汇报，以便让领导者及时了解情况并给予必要的提示和支持。

3．下行关系协调

在人际关系中存在着上级领导者与下级的关系，对这些关系的协调称为对下关系协调或下行协调。

（1）对下级要尊重以礼

职务有高低之分，但人格和尊严都是平等的，只有尊重下级，才能赢得下级的敬重和信任。平时尊重、爱护自己的下级，与他们平等相待，要和下级进行心灵上的平等对话，要以"礼"服人，讲究批评和表扬的方法，不能以"权"压人，更不能不讲方法策略地随意责骂与挖苦。尊重下级的人格尊严，批评下级尽可能避免当众训斥式批评，且注意对事不对人，做到适可而止。体谅和关心下级，是职场领导者最容易赢得人心的方法。尊重下级的职权和工作积极性，用人不疑，疑人不用，在必要的时候给予适当的协助，对下级的表现能力给予及时的肯定和鼓励。

（2）对"亲者"应保持距离

提拔人才应以有为者为先，而不能凭一己的喜恶。所以应着眼于所用之人能力大小，而不在于所用之人肯顺从己意，一定要唯才是举、任人唯贤、平等待人。因此，为了确保能够选用适当的人选，领导者应该与"亲者"保持适当的距离。我们讲的保持距离，绝不是那种"逢人只说三分话，不可全抛一片心"的虚伪应酬，也不是要领导者对"亲者"只能正襟危坐，越冷越好。相反，我们提倡与下级打成一片，赤诚相见，要对绝大多数下级不分亲疏、一视同仁；对"亲者"违法乱纪的同样坚持原则，严肃批评，认真查处。所以，只要我们坚持"只有公事以外才是朋友"的准则，才能正确处理好与下级的关系协调问题。

（3）对"疏者"当正确对待

人际关系中总存在着一些不愿接近上级领导或与上级领导持不同意见，甚至反对上级领导的"疏者"。那么，怎样才能处理好与"疏者"的关系呢？关键是要正确地对待"疏者"，应有一种将"疏者"当作治疗自己各种弱点、缺点的良药的胸怀和气魄。只要不是恶意中伤，即使态度过激、措施严厉一点，也不应该耿耿于怀。正确对待"疏者"，团结一个可以带动一批，有利于调动一切积极因素。至于持有反对意见、而实践证明他们又是正确的同志，就更应该注意虚心向他们学习，从中增长识别能力。所以，本着"亲者严，疏者宽"的精神，在分清大是大非的基础上求大同、存小异，允许"疏者"和自己有不一致的地方，并力图在实践中逐渐取得统一的认识，这样才能使双方心情舒畅，消除隔阂，增进人际关系的协调发展。

知识链接

同事交往的禁忌

1. 切忌拉小圈子，散播小道消息

办公室内切忌私自拉帮结派，形成小圈子，这样容易引发圈外人的对立情绪。更不应该在圈内圈外散布小道消息，充当消息灵通人士，这样永远不会得到他人的真心对待，只会对你唯恐避之不及。

2. 忌情绪不佳，牢骚满腹

工作时应该保持高昂的情绪状态，即使遇到挫折、饱受委屈、得不到领导的信任，也不要牢骚满腹、怨气冲天。这样做的结果，只会适得其反。要么招同事嫌，要么被同事瞧不起。

3. 切忌趋炎附势，攀龙附凤

做人就要光明正大、诚实正派，人前人后不要有两张面孔。如果在领导面前充分表现自己，办事积极主动，极尽溜须拍马的功夫，而在同事或下属面前，推三阻四、爱理不理，一副予人恩惠的脸孔。长此以往，处境不妙。

4. 切忌逢人诉苦

有许多爱说话、性子直的人，喜欢向同事倾吐苦水，但办公室不是互诉心事的场所。所以，当我们的个人危机发生时，最好不要到处诉苦。把痛苦的经历当作一谈再谈、永远不变的谈资，不免会让人退避三舍。忘记过去的伤心事，把注意力放到充满希望的未来，做一个生活的强者，这时，我们会得到他人敬佩的目光。

5. 切忌故作姿态，举止怪异

办公室内不要给人"新新人类"的感觉，毕竟这是正式场合。无论穿衣，还是举止言谈，切忌太过前卫，给人风骚或怪异的印象，这样会招致办公室内男男女女的耻笑。同时，也会被人认为是没有实际工作能力，是个吊儿郎当、行为怪异的人。

6. 忌谈话不掌握分寸

在办公室里，同事每天见面的时间最长，谈话可能涉及工作以外的各种事情,"讲错话"常常会给我们带来不必要的麻烦。同事与同事间的谈话,如何掌握分寸就成了人际沟通中不可忽视的一环。虽然直来直去的交谈富有人情味,能使双方变得友善,但是研究调查表明,只有不到1%的人能够严守秘密。

课后拓展

活动:一天之内赞美周围的3个同学。
要求:真诚,赞美之词要"言之有物"。

三、办公环境——营造舒适的工作氛围

案例呈现

方莉莉求职记(六)

方莉莉所在的办公室是个小团队,共有10个同事。其中坐在她后排的女孩叫小婷,性格外向,善于交际。但是她有个习惯,每天都在办公室里转悠,喜欢休息时间逐个检查各位同事工位上的"私人用品",并做出评价。虽然大家提出了不满,但是因为没有损坏也就没有起冲突。小婷还特别喜欢散播各种"小道消息",她只要对哪位上司有意见,很快就会有不少这位上司的花边绯闻和大家"分享";看不惯哪个同事,就会跟办公室所有同事逐个"我只跟你讲,她……"。时间一长,大家都不愿意搭理小婷,小婷很快就成了同事们的"烦客"。

方莉莉刚来办公室,小婷就显得特别热情,每天在她办公桌边"嘘寒问暖",问家长里短,方莉莉觉得自己是职场新人,想拒绝这份热情又碍于面子。她想:都是一个办公室的,抬头不见低头见,闹掰多不好意思啊……

请问:如果你是方莉莉,你会怎么做呢?

办公室是一个处理公司业务的场所,办公室的礼仪不仅是对同事的尊重和对公司文化的认同,更重要的是每个人为人处世、礼貌待人的最直接表现。

礼仪与职业素养

（一）办公室之环境礼仪

办公室是一个大空间，每个人占据着一片小空间，所以要分清公共区域和个人空间。个人办公区要保持办公桌位清洁，非办公用品不外露，桌面码放整齐，私人生活的用品尽量不堆放到办公室，尤其是公共区域。熟记办公室制度规则，并严格遵守，比如，上班时不迟到、不早退、不打私人电话，不在公共办公区吸烟、扎堆聊天、大声喧哗；禁止在办公家具和公共设施上乱写、乱画、乱贴；保持卫生间清洁等。不得擅自带外来人员进入办公区，会谈和接待安排在洽谈区域。当有事离开自己的办公座位时，应将座椅推回办公桌内。下班离开办公室前，使用人应该关闭所用机器的电源，将台面的物品归位，锁好贵重物品和重要文件。节约水电，最后离开办公区的人员应关电灯、门窗及室内总闸。

（二）办公室之招呼礼仪

办公室内的招呼因人而异，不过亲切的问候语与赞美语，乃是工作中不可或缺的礼貌语言。一些服务行业的公司强力倡导问候语言，要求员工在清晨时利用晨会时间，练习各种打招呼的语气语调，希望他们在不断的学习中，养成彬彬有礼的好习惯。

问候语在人际沟通当中属于基本寒暄语言的一种，就如同在家里起床应该向长辈问安，在工作场合中也应该随时表现自己的良好人际关系。适当的问候语不是听起来不自然或是很做作的语言，而是投入自己的关心与亲切的互动。问候语也是一种起始语言，在展开各种话题的时候，多多应用问候语常常让双方可以迅速进入应有的主题。

赞美语并不容易形成，多数成功的领导都会巧妙地运用赞美语达到激励员工的目的，其效果甚至比给予金钱的鼓励还要有价值。练习赞美语首先需要细心观察对方的举措，找到赞美对方的最佳切入点，然后用简单、深刻的语言激励人心。

打招呼可以分为上对下、下对上以及平行级别之间的招呼。以上对下的招呼为例，这一类招呼由于各个办公室的气氛不相同，也各有差异。有些公司十分严肃，上对下的招呼多是官样文章；有些公司打招呼则像是朋友一般亲切，令人分不出哪位是主管，哪位是下属。可见，打招呼并没有一定的语言模式，却是办公室礼仪当中最好的开始和人际关系的润滑剂。

（三）办公室之介绍礼仪

当客人来访时，我们应该主动从座位上站起来，引领客人进入会客厅或者公共接待区，并为其送上饮料。如果是在自己的座位上交谈，应该注意声音不要过大，以免影响周围同事。切记，始终面带微笑。

介绍也是办公室里经常发生的事情，它分为初次介绍和相互介绍。介绍的学问很大，不是一般人想象得那么简单——只是交换名字和职称而已。客人来的时候，如果需要为主客双方介绍，中间人要记得先把客人介绍给主人，然后把主人介绍给客人。如果客人多于一人，则要按照其尊卑顺序介绍。

因此，中间人在介绍之前，必须确实了解双方的关系，同时也要明白对方最需要知道的是什么，不会因为短短的说明而弄错了对方的身份地位。如果对于介绍对象的确切身份存有疑虑，就应先向当事人请示或请教，看看对方需要用什么身份来被介绍。

（四）办公室之隐私礼仪

办公室同事在写东西、阅读书信、使用电脑时，不要和人离得太近，经过时也不要用斜瞟的方式去"窥视"他人隐私。如果没有重要的事情，最好不要在工作时间打扰别人，以免打断同事的工作思路和工作节奏。进入别人的办公室应征得对方同意，可以在门口叫一下对方的职务和名字，或轻声敲门，在开放式办公室也需要轻敲隔板打招呼。切忌不打招呼就突然闯入别人的办公室。

同事之间的互相关心、闲聊家常是正常的事，在一定程度上还可以增进友谊、促进工作，但必须有度。每个人都有自己的私人生活空间、都有个人的隐私，即使关系再好的同事，对于别人刻意不提的私人事情，不要打破砂锅问到底。办公室内不要偷听别人讲话，如同事在私下谈话，我们却停下手中的工作，伸长两只耳朵去听，或者是别人在打电话时，我们两眼紧盯打电话的人，耳朵灵得像兔子，这些举动都会使我们的形象大打折扣。

知识链接

适合办公室的健身运动

① 坐在椅上，双手平伸，慢慢弯腰，接触脚尖，再恢复原状。重复这一动作，做10次。

② 将座椅贴近工作台或办公桌，收腹，肚脐内吸，脊柱直立。

③ 将一支铅笔平放于座椅左侧地上，伸左手、弯腰向左侧慢慢拣起铅笔，坐姿复原。再放下，再拣起，做5次。改变方向，同样动作，向右侧做5次，恢复原状。

④ 足踝、手腕做向内、向外旋转运动各5次。颈部做向左、向右旋转运动各5次，恢复原状。

⑤ 双腿抬起，向前平伸，双手放腿上，停留3分钟后，双腿放下。休息片刻，重复做一次，恢复原状。

⑥ 坐在办公桌前，双手放在桌面上，双腿放在桌下，抬起左腿离地，放下。换抬右腿离地，放下。重复各做10次，恢复原状。

⑦ 耸动双肩，头向后摆动，做10次，恢复原状。

⑧ 举哑铃或矿泉水瓶，锻炼手臂。

课后拓展

小组活动：模拟办公室客人来访，进行介绍礼仪的展示。

第三讲　商务社交：细节决定成败

一、拜访礼仪——茅庐三顾，行为心表

方莉莉是一个受欢迎的拜访者吗？

方莉莉自入职以来，一直表现甚佳。今天，她的上司要让她去拜访一位重要的客户叶总，要求方莉莉做好拜访前的准备工作。在和叶总做好预约后，方莉莉按照约定的时间，准时到达叶总的公司。当找到叶总的办公室后，她迫不及待地推门而入，对着办公桌前的人大声道："您好，叶总！我是方莉莉，昨天在电话里和您约过的。"叶总抬头看了看她，才想起她是谁，便请她入座。方莉莉马上在办公桌旁的椅子上坐下，顺手把公文袋往叶总的办公桌一扔，人歪歪扭扭地靠在椅背上，然后跷起二郎腿说："叶总，您这可真是不好找，我差点就迟到了。"

请问：方莉莉应该做好哪些准备工作，她在拜访中哪些方面值得我们学习，哪些方面犯了错误呢？

（一）拜访前的准备

在商务交往中，商务人士免不了前往不同的地方拜访客户，相互拜访更是常有的事。所谓"不打无准备之仗"，商务拜访想要达到预期的效果，就需要做好充分的准备工作。

1. 事先预约不能少

拜访之前必须提前预约，这是最基本的礼仪。一般情况下，应至少提前3天给对方打电话，简单说明拜访的原因和目的，确定拜访的时间。如果约定好了拜访时间就应该遵守约定，准时到达。如果发生特殊情况不能前往，应及时向对方说明情况，另行约定时间。

2. 知己知彼不唐突

拜访前应准备好相应的资料，对本次拜访要解决的问题做到心中有数，这样就不会浪费对方的时间，才能达到自己预想的拜访目的。比如，对方现在的经营状况，我们需要对方解决的问题是什么，需要对方提供什么，最终预想的结果是什么等，这些问题的相关资料都准备充分，拜访才能尽早进入正题。

3. 个人形象不可忽视

一般的商务拜访不需要过多的修饰，但仍需要注意自身的形象。仪容仪表不整洁，以邋遢的形象去拜访客户，是极其不礼貌的，对方会认为我们不尊重他，会对拜访的效果产生直接影响。一般情况下，登门拜访前应整理头发，着装应整洁、庄重，塑造专业的仪表形象，以示对主人的尊重和重视。但是不要过于华丽，可以根据对方的身份和拜访的场所等因素做出选择。

（二）拜访时的礼仪

登门拜访是商务拜访礼仪中最为重要的内容，如果想成为受欢迎的客人，就必须懂得拜访时的礼仪，这将会令拜访活动事半功倍。

1. 进门前的礼节

到达约定地点后，如果没有见到对方，绝对不能擅自闯入，必须经过通报后再进入。一般情况下，前往大型企业拜访时，首先要向接待人员报备自己的基本情况，等待对方安排见面。

到达办公室门口后，应先整理自己的仪容仪表。敲门时，应用食指轻叩，力度适中，间隔有序地叩3下，等待回音。敲门后，应该等到有人应声允许进入或是出来迎接时方可进入。切忌即使大门敞开，也不可以不打招呼就擅自入内，这是非常不礼貌的。

2. 进门后的礼节

进门后，如果双方是初次见面，拜访者必须主动向对方致意，简单地做自我介绍，然后热情大方地与对方握手，并以适当的称谓称呼对方。在拜访准备阶段，如果不知道对方正确的称呼方式，可以先打电话请教其秘书。因为当你们见面时，合适的称呼会为自己赢得良好的第一印象。如果双方已经不是初次见面了，也必须进行问好致意，必不可少的礼仪可以显示出我们的诚意。

在对方的引导下，等对方落座以后，自己再坐在对方指定的座位上。如果进屋时，带有外套或随身物品的，也不能乱丢乱放，而应该放到对方指定的地方。入座后，要注意姿势，不要太过于随便，跷二郎腿、双手抱膝、东倒西歪等都是不礼貌的行为。吸烟者应在对方敬烟或征得对方同意后才可吸烟。

3. 开门见山，进入正题

简单的寒暄之后，可以表明来意，直接进入正题。因为对方可能有很多重要的工作等待处理，没有很多的时间接见来访者，不要东拉西扯，浪费时间。谈话中要注意留给对方发表意见的时间，在对方表述时，无论是否赞同，要仔细倾听，并注意对方所说的重点，将不清楚的问题记录下来，待对方讲完以后，再请对方给予解释。如果双方意见有分歧，也不应该急躁，要时刻保持沉着冷静，避免破坏拜访气氛，影响最终的拜访效果。

知识链接

把握好拜访客户的最佳时间，就能够获得客户的好感，拜访的目的就能顺利达成。那么，如何巧妙地利用拜访客户的最佳时间呢？需要注意以下几点：

1. 要选择"黄道吉日"

拜访客户时，要用心琢磨什么时候见面比较合适，因为一个好的开始就是成功的一半。我们要在合适的地点、合适的时间，找到对自己的产品感兴趣的人。

2. 切忌客户下班或要关门时去拜访

客户下班或要关门时，意味着他们回家休息的时间到了。这时，客户不可能好好坐下来进行详谈；如果影响到他们下班或关门，还会在心里对我们产生反感。

3. 避免在休息日和节假日后第一天拜访客户

如果客户周末休息，那么就不应该周一去拜访。不只是周一，比如元旦、春节、劳动节和国庆节放假结束后的第一天上班，也不适合上门拜访。因为大家都要处理一些内部事务，而且会议比较多。即使我们的业务紧急，也要尽量避开上午，如果一定要当天去拜访，可在上午电话预约，下午过去拜访。还有，月末各公司都比较忙乱，除了催收货款外，一般也不要拜访客户。

礼仪与职业素养

4. 拜访客户要选择合适的时间

中国人一般有午休的习惯，拜访时间最好不要安排在午休时间。一般来说，9：00—11：00、14：00—16：00、19：00—20：00是不错的拜访时间。拜访时应尽量避免对方的用餐时间，除非要请对方吃饭。如果不打算请对方吃饭，就不要在11：30之后去拜访新客户；即使是拜访老客户，宁可自己在外面吃了饭，也要等到13：30以后再去拜访。但是，如果我们想请一些关键人物吃饭，建立比较密切的关系就另当别论了。总之，由于拜访的目的在于彼此能充分地沟通，因此，选择最佳的拜访时间就显得十分重要了。只有愚笨的人才会以我为主，只顾自己方便，置目标客户于不顾。聪明的人总会选择最佳的拜访时间。

（三）拜访后的告辞

拜访结束时，应礼貌地告辞。商务拜访的时间不宜过长，否则会影响对方其他的工作安排，一定按约定的时间告辞。如果没有约定的时间，一般将时间控制在30～60分钟为宜，也可以视情况在谈话结束时适当延长或者提前离开。当对方临时有事或有其他客人光临时，应该及时告辞。

当对方出现以下几种情况时，可以适时告辞：对方开始吩咐下属做不同的事情；对方当着我们的面训斥下属；对方反复看手机或手表；对方不再给我们的杯子续水。

起身告辞时，不应该让对方觉得自己急于离开，更不应该在对方未说完话或刚说完话时，立即起身告辞。应该在起立后，先与对方握手，感谢对方在百忙之中的热情接待，并对拜访的结果表示满意。出门后应请对方就此留步，主动伸手与对方挥别。

课后拓展

1. 如果你无法在约定的时间内洽谈完毕，你会怎么做？

做法一：告诉对方："这次和您预约的20分钟时间已经到了，是否能再给我一点时间？"

做法二：直截了当地告诉对方说："哎呀！我事情还没说完，我能否继续谈下去？"

试对上述两种做法进行讨论，指出你认为正确的做法，并说明理由。

正确的做法是：

理由是：

2. 假如你是方莉莉，将要拜访预约过的客户，请现场演练拜访过程。

二、接待礼仪——迎来送往，以礼相待

我是公司的"形象代言人"

公司安排方莉莉接待一位重要的客户，她的上司再三嘱咐她做好准备，并完成这次的接待任务。方莉莉觉得很纳闷，觉得接待不就是开车去接一下，然后倒杯水，陪着说说话，领导为什么这么郑重其事的呢？

之后，这位客户反馈的信息是有意向与方莉莉她们公司合作。有人问他选择的标准是什么？他回答："是接待人员。"原来其他几家公司的接待人员不是忙乱中出了差错，就是事先未仔细核对飞机抵达的时间，没能去机场迎接。还有的接待人员形象邋遢，接待的时候，频频出错。只有方莉莉准时到达机场，穿着干净整洁，在整个接待过程中始终保持着饱满的精神状态且彬彬有礼。客户说："通过这位训练有素的接待人员可以看出，这家公司的员工整体素质一定非常不错，管理团队一定非常好，工作效率一定会令我满意的。"

方莉莉的这次接待任务完成得非常出色，赢得了重要客户的信赖。

请问：在接待中，她有哪些方面值得我们学习，成为公司的"形象代言人"的？

（一）接待人员的礼仪

接待工作是商务活动中最常见的礼仪活动，做好接待工作会加深客户对企业的了解，从而增强与企业合作的信心，使双方都能全身心地投入商务活

动中。

接待人员是展现企业形象的第一人，在接待来访客商时的形象和态度对公司整体形象起着非常重要的作用。因此，企业在选用接待人员时会进行严格的筛选，而接待人员本身也会更多地关注自己的形象。

1．品貌端正，整洁得体

接待人员应当清楚地知道，自己作为公司的代表，是与来访客户进行接触的第一人。因此，接待人员必须始终保持端庄整洁的仪表仪容，干练又得体的着装。女士应该化淡妆，发型、首饰不宜过于新潮，以免有碍工作。

2．语言文明，举止优雅

客户对企业良好的印象，应该归功于接待人员所表现出来的高素质高水平。作为一名接待人员，从眼神表情、举手投足到一言一行中，都能反映出其文化素养的高低，同时也代表了其所在企业的管理水平。

3．彬彬有礼，高效稳妥

接待人员要开创性地干好自己的工作，必须做到爱岗敬业，一丝不苟、高效稳妥，减少或杜绝差错是接待人员最基本的素质。当有客户来访时，要微笑相迎，热情地做好接待工作。

（二）接待工作的内容

商务接待工作视来访者的身份、目的和接待地点的不同而有所不同，但各类接待的目的是一致的，就是让客户切身感受到尊重，感受到企业合作的诚意，为双方进一步合作打下基础。

1．准备工作

（1）收集客户的基本信息

当接到客户来访的通知后，首先要清楚客户的姓名、性别、单位、职业、人数等，其次掌握客人来访的目的和要求，最后问清客人到达的时间，所乘车次或航班号。

（2）制定接待方案

接待方案一般包含客人的基本情况、接待工作的分工、陪同人员和迎送人员的名单、食宿地点、交通工具及日程安排等。

2. 接待工作

客户抵达后，接待人员将进入正式的接待阶段。在这个阶段，接待人员不仅要逐项落实接待方案，还要根据情况的变化，随时采取应变措施。

（1）迎接客人

一般的客人可由办公室人员去迎接，重要客人应该安排有关领导前往迎接。去迎接的人员在客人到达前就应到场等候。

对于来自本地的客人，接待人员应提前在本单位大门口或办公楼下迎候客人。待客人车辆驶近时，面带微笑，挥动右臂，表达欢迎之意。若来宾德高望重或是一位长者的话，则我方接待人员应在对方车子停稳后，快步上前，拉开车门后伸出另一只手挡住车门的上框，协助客人下车。

对于远道而来的客人，接待人员应提前15~30分钟到达机场、码头或火车站迎候，以示对来宾的尊重。迎接地点人声嘈杂时，可事先准备一块小牌子或一面小旗子便于客人寻找。客人抵达后，若是双方早已认识直接握手致意；若是初次见面，先由主人中身份最高者将迎候人员按一定顺序介绍给客人，再由客人中身份最高者将客人按一定顺序介绍给主人。如有贵宾，可安排献花。

（2）安排食宿

客人抵达后，将客人带到事先安排好的客房，告诉他们就餐的时间、地点。如果有重要的客人，还应该针对重要客人安排专人陪同。

（3）协商日程

进一步了解客人的意图和要求，共同商议活动的内容和具体日程。如有变化，及时通知有关部门，以便开展工作调整。

（4）组织活动

按照日程安排，组织好各项活动。如客人洽谈供货合同，可提前做好准备工作，如客人参观游览，应安排交通工具和陪同人员。

（5）听取意见

在客人活动全部结束后，应安排单位领导与客人见面，听取意见，交换看法。

3. 送别礼仪

俗话说"迎人迎三步，送人送七步"，可见中国人是非常注重送客礼节的。送别客人是迎接来宾的延续，是接待工作最后的一个环节。

礼仪与职业素养

按照常规，道别应当由来宾先提出来，如果主人先与来宾道别，会给人逐客的感觉。对于远道而来的客人，应提前为之预订返程的车、船票或机票，备好车辆把客人送到车站、码头或机场，以及安排专人办理行李托运。在客人临走前，按一定顺序同客人握手话别。

（三）不同活动的接待

1．会议接待

（1）会议筹备工作

① 确定接待规格。企业召开的会议一般有两种：一是企业内部召开的会议；二是由上级单位召开、本企业承办的会议。由于参加的领导身份不同，规格也不同。企业内部会议应尽量俭朴、高效、不拘形式。上级单位主持的会议，由于邀请各企业代表参加，所以会议规模大、规格高。

② 发放会议通知。会议通知必须写明开会时间和地点、会议主题、参会要求等。会议通知要提前发出，以便参加会议者有充足的准备时间。如有外地人员参加会议，应在通知上写明住宿宾馆到达的路线、应带的材料、会务费、是否有接站等内容。发通知时，要准确书写单位名称、详细地址，以防投递出现差错，耽误参会者到达的时间。

③ 选择会场。如果是企业内部召开的会议，可根据人数多少选择在会议室或大礼堂进行。如果是承办上级布置的大型会议，则应考虑的是：交通是否方便，食宿条件是否良好，会场附近是否有噪声，会场的照明、空调、音响设备是否完好，其他必要的设备、服务是否齐全。

④ 会场的布置。会场的布置包括会场的装饰布置和坐席的安排。大型会议应根据会议主题，在场内悬挂横幅，在门口粘贴欢迎和庆祝标语。主席台上可摆放盆景、盆花。桌面上摆放茶杯、饮料，要干净且摆放整齐、统一。

⑤ 准备会议资料。会议资料应准备齐全、装订整齐。如果需要在会上讨论，应提前发放资料，文件资料应用文件袋装好。

（2）会议前的接待工作

会议开始前1小时，应对准备工作进行一次全面、细致的检查，如有遗漏应及时补救。同时做好迎接来宾的工作，主要包括：

① 签到。在会场外醒目的位置设签字台，配有1～2名工作人员，备好签到簿、钢笔或毛笔。客人签到时应把笔递到客人手中，若同时发放资料，应礼貌地用双手递上。

② 引座。签到后，会议接待人员应有礼貌地将客人引入会场就座，对重要领导应先引入休息室，由企业领导作陪，会议开始前几分钟再到主席台就座。

（3）会议中的服务

参会者坐下后，接待人员及时倒茶递茶。递茶要用双手，茶杯把儿应放在参会者的右手处，倒茶要轻、规范，杯盖的内口不要接触桌面，手指不要按住杯口，茶水倒至八分满为宜，然后将杯盖盖上。会议如有领奖内容，工作人员应迅速组织受奖人按顺序排好。礼仪人员及时送上奖状或荣誉证书，由领导颁发给受奖者。

会议中，如果有电话或有事相告，工作人员应走到其身边，轻声转告。如果要通知主席台上的领导，最好用字条传递通知，避免工作人员在台上频繁走动和耳语而分散他人注意力，影响会议效果。若会场上因工作不慎发生差错，工作人员应不动声色尽快处理，不要惊动其他人，更不能慌慌张张、来回奔跑以免影响会议气氛和正常秩序，否则将会因为工作上的失误给企业造成不良影响。

（4）会议善后工作

会议结束后，有时还会安排一些活动，如联欢会、参观、照相等。这些善后工作既有必要，又很烦琐，应由一位组织能力较强的领导统一指挥和协调，其他工作人员要积极配合做好各自的工作，以保证活动顺利进行。

2. 参观游览接待

（1）选定参观游览项目

从商务角度讲，安排参观游览的对象应选择能反映本地区经济发展水平的单位和经济开发区，也可以考虑安排参观市容市貌、名胜古迹或富有地方特色的旅游项目。

（2）落实日程接待

参观游览日程安排应与客商协商，比如先参观哪里，后参观哪里，途中休息和用餐、逗留和集合时间、所安排的交通工具等。企业应安排身份合适的人员陪

礼仪与职业素养

同宾客参观游览，并选派懂技术的专业人员解说，对商业秘密和产品信息应注意保密。

（3）参观游览注意事项

在接待参观游览过程中，不需进行隆重的迎送仪式，可举行一些礼节性的招待，注意宾主双方的身体疲劳程度和安全。此外，参观游览不同于正式活动，对着装要求不严格，可根据实际天气情况和游览项目选择舒适的服装和鞋子。

知识链接

陪客人走路，一般要请客人走在自己右边。主陪人员要和客人并排走，不能落在后面；其他陪同人员应走在客人和主陪人员身后。在走廊里，应走在客人左前方几步。转弯、上楼梯时，要回头以手示意，有礼貌地说声"这边请"。

乘电梯时，如有专人服务，要请客人先进；如无专人服务，应自己先进，然后让客人进。到达时要让客人先出。到达接待室或领导办公室时，要对客人说："这里就是"或"这里是××办公室"。如果是领导办公室，要先敲门，得到允许时再进。门如果是向外开的，应该请客人先进去；向里开的，自己先进去，按住门再请客人进。

对于远道而来的客人，主人在帮客人提行李时，不要主动要求帮助男宾拿公文包或帮助女宾拿手提包。如果主人陪车，应请客人坐在主人的右侧，二排座的轿车，译员坐在司机旁边。上车时最好请客人从右侧门上车，主人从左侧门上车，避免从客人座前穿过。到达后，不要马上安排活动，应让客人及时休息，消除疲劳。迎候人员可暂时离去，临行前应留下联系电话，以便及时提供帮助。

送客时，可以在送别会上向外宾赠送一些适合他们风俗习惯的礼物，礼物的选用不要太贵重。一般身份越高的来宾通常也越有礼貌，往往于上车后将车窗摇下挥手道别。因此，送行者不可以在客人上车后就离去，应等待客人的车离开视线后再离去。同样，送行者不可以在客人刚上飞机、轮船、火车时，立即离去，应等客人在视线中消失，才可离去。

1. 在引导客人上下楼梯时应注意哪些礼仪规范？
2. 假设公司需要接待一个重要客户，分组设计接待时的对话内容，对接待过程中的陪同方位、食宿安排、迎接、安置宾客休息等内容进行分组模拟训练。

三、宴请礼仪——良辰吉地，宾主尽欢

案例呈现

乱了阵脚的商务宴请

方莉莉所在的公司为了庆祝公司成立10周年举办大型宴会，拟邀请其他公司和客户出席。方莉莉的上司将晚宴筹备工作交给她负责。她心想：准备晚宴应该要做些什么呢？要走怎样的流程？和宴请家人相比，商务宴请有什么不同之处呢？

方莉莉在宴会举行前3天将请柬发出。宴会当日，有许多重要的客户因日程安排的原因，无法出席。客人入席后，公司经理向某位客户斟酒，他走到客人的左侧拿起客人的酒杯，为客人斟了满满一杯酒。宴会快结束时，经理站起来，发表了一番正式演讲，感谢宾客的光临。

请问：方莉莉在筹备宴会时有哪些工作未做好，公司经理有哪些不符合社交礼仪的行为？

（一）宴请的形式

宴请是人们交往中表示欢迎、庆贺、答谢、饯行等以增进友谊和融洽气氛的重要手段，是人们结交朋友、联络感情、密切关系的重要方式。

宴请的种类较多，根据宴请的目的可分为迎送宴会、答谢宴会、喜庆宴会、祝寿宴会和商务宴会等，根据餐别的不同可分为中餐宴会和西餐宴会。宴请的形式，根据宴请的目的、出席人员的身份和人数的多少而定。常见的宴请

形式有：

1. 宴会

宴会是举办者为了表达敬意、谢意，或者为了扩大影响而专门举行的招待活动。宴会规格有国宴、正式宴会、便宴和家宴，按时间分有早宴、午宴和晚宴。

2. 冷餐会

冷餐会，也叫自助餐，是由客人自行挑选、自取自食的就餐形式。通常采用长桌，不设主宾席，也没有固定的座位。开餐前，把菜肴和点心分别摆放在专用的食品桌上，食品桌可以摆在餐厅四周，也可以摆在中间，还可以拼成几个"小岛"，分别放不同种类的食品，既节省空间，又方便客人选用。

冷餐会菜肴品种较多，以冷菜为主，辅以热菜、甜点和水果。客人进餐时，可手持餐碟根据自己的口味和饮食习惯到食品桌前挑选菜点，然后拿回餐桌食用。酒水主要以啤酒、葡萄酒及软饮料为主，一般不准备烈性酒，饮用时，客人可以自己取用，也可以由服务人员端送。

冷餐会规模有大有小，客人可随意挑选食物，也可边走边吃、边交谈，活动自由，不拘于传统的就餐形式，所以被越来越多的人所接受。

3. 酒会

酒会主要是以酒水为主招待客人的一种宴请形式。酒会供应的酒品除一些中外名酒、地方名酒、特色酒外，还有许多用酒和软饮料调制而成的鸡尾酒，所以酒会有时也称鸡尾酒会。

酒会由专门的调酒师来满足客人点酒、调酒的需求。酒会上还略备一些小吃，如三明治、热香肠、炸薯片等供客人食用。

酒会通常在下午或晚上举行，时间不限，有长有短，习惯上多为2个小时。席间不排座位，客人多为站着进餐，酒和小吃由服务人员用托盘端上，客人自己选取。席间可以随意走动，自由交流，互相敬酒，气氛轻松愉快，比较适合现代人的生活节奏，因而逐渐被人们所接受。

4. 茶会

茶会是以茶会友的一种简便的招待形式。茶会多为机关、企业为纪念或庆祝某项活动所采用。茶会通常在较为宽敞的厅堂、会议室举行。茶会场地虽不追求豪华、气派，但讲究清洁卫生、环境幽雅，内设沙发、座椅、茶几，以供与会者就座品茶。

茶会以品茶为主，对茶叶和茶具的选择颇为讲究，茶叶要质量上乘，茶具要美观、卫生。席间还可以根据茶会内容安排一些短小的文艺节目或愉快的活动，使茶会气氛更加热烈浓厚。

5．工作餐

工作餐是现代交往中常用的一种非正式宴请形式，主要是利用就餐时间，围绕工作中的问题，边吃边谈，讨论交流。被宴请的对象一般是与工作有关的人员，不请配偶和陪客参加。

在接待来访的团队或个人时，如果活动日程安排紧凑，可采用这种进餐形式。工作餐因时间和内容等原因，往往不太讲究排场，不太要求礼仪规范，无须排座、致辞。菜肴以方便、卫生为好，一般不喝烈性酒。工作餐多在小餐厅或招待所食堂举行，若采用分餐，还可送到会场或工地。

（二）宴请的礼仪

1．宴请的准备工作

宴请活动的成功与否，很大程度上取决于宴请准备工作的好坏。从宴会设计到宴会的组织实施，每个环节都要考虑周到。宴会的准备工作包括以下几方面的内容：

（1）确定宴请的目的、对象、范围和形式

对于宴请规格较高、内容较正式的活动，一般应选择宴会的形式；对于庆祝性、纪念性的活动，为使气氛轻松活泼，则可选酒会；对于宴请规格不高，或虽规格较高，但出席人员身份复杂、人员较多，则可选冷餐会；对于需要商谈某些事宜，而时间又比较紧张，可选择工作餐。

（2）确定宴请的时间和地点

确定宴请时间，应先征求被邀主宾的意见，选择宾主双方都适宜的时间，以示尊重。有两种情况例外：一是特定的节日、纪念日的宴请，只能在节日、纪念日之前或当日举行，不能推到纪念日之后；二是临时筹办的宴请，事前不可能有准备。在时间上还应注意：不要选择对方工作繁忙的时间，选择宴请日期应回避禁忌日。如西方国家忌讳"13"，特别是恰逢13日的星期五。

礼仪与职业素养

宴请地点恰当与否，体现着主人对宴请的重视程度。落实宴请地点时应注意：第一，视客人多少而定；第二，视宴请类型而定；第三，视宾主熟悉程度而定；第四，注意来宾的意愿和地方特色；第五，选择负有盛名的老字号或名酒家。

（3）发出邀请

宴请一般都要用邀请函正式发出邀请，这样做一方面是出于礼节，一方面也是请客人备忘。邀请函内容应包括活动的主题形式、时间地点和主人姓名。邀请函书写要清晰美观。

邀请函一般应提前3～7天发出。正式宴会，最好还要在邀请函发出前安排好席位，并在邀请函的信封下角注明席位号。邀请发出后，应及时落实应邀情况，以便于安排布置。

（4）拟定菜单

一桌宴席的菜单，应有冷有热、有荤有素、有主有次。主菜显示宴请的档次高低，还要略备些家常菜，以调剂客人口味。菜单以营养丰富、味道多样为原则。拟定菜单还应注意宴请的种类，宴请的时间和季节，宾主的口味、年龄、健康等状况以及订菜的方式，以更加适合客人的口味和宴会的需要。

（5）设计布置宴会厅

1）环境布置

主办者应根据宴请活动的目的和性质，在宴会厅的正面上方拉一条横幅。横幅一般用红布做底，印上体现宴会目的的字样。在宴会厅堂的一侧，可摆放花草盆景。还应设置临时致辞台，安装宾主致辞用的麦克风。在宴会厅堂的四周，可适当摆放一些鲜花、插花或绿草、花卉，以增加整体气氛。

2）桌次和席位的安排

宴请活动中的桌次及每一桌的席位安排有严格的礼仪规范，特别是宴会，有中式和西式两种截然不同的排法。商务人员对两种桌次和席位的安排礼仪应了如指掌，以便随时应用。

① 正式宴会的桌次安排。正式宴会的桌次安排最为讲究。安排桌次，视参加人数多少可设一桌或多桌。一桌时，可使用圆桌或长桌；多桌时，中餐宴会应采用圆桌，西餐宴会应采用长桌，并分为主桌和辅桌。

● 中餐宴会桌次安排。中餐宴会习惯使用圆桌，桌次的安排可根据宴会厅的形状来确定。中餐宴会桌次的安排，无论多少桌其排列原则大致相同，即主桌排定后，其余桌次的地位高低以离主桌的远近而定，离主桌越近的桌次地位越高，离主桌越远的桌次地位越低，平行桌以右为高，左为低。桌数较多时，应摆设桌次牌，以便客人辨认入座。常见桌次排列方法如图 5-1、图 5-2 所示。

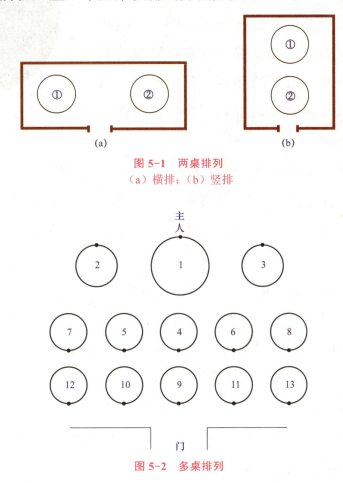

图 5-1　两桌排列
（a）横排；（b）竖排

图 5-2　多桌排列

在安排桌次时，所用餐桌的大小、形状要基本一致。除主桌可以略大外，其他餐桌都不要过大或过小。为了确保在宴请时赴宴者及时、准确地找到自己所在的桌次，可以在邀请函上注明对方所在的桌次，在宴会厅入口悬挂宴会桌次排列示意图，安排引位员引导来宾按桌就座，或者在每张餐桌上摆放桌次牌（用阿拉伯数字书写）。

● 西餐宴会桌次安排。西餐宴会一般采用长桌，餐桌的大小和台型的设计应根据参加宴会的人数、宴会厅的形状和大小来布置，一般有一字形、T 字形、口字形和 U 字形等。总的要求是左右对称、出入方便。

② 正式宴会席位的安排。桌次排定以后，紧接着就是安排每一桌出席人员的

席位。这项工作十分复杂，礼仪要求很严格，安排时一定要非常细心。

● 中餐宴会席位安排。席位的高低与桌次的高低原理基本相同，即右高左低，先右后左。我国习惯按个人职务高低安排席位，以便于交谈。如果夫人或女士出席，通常把她们安排在一起，即主宾坐在男主人右方，主宾夫人坐在女主人右方。席位的安排如图5-3所示。两桌以上的宴会，其他各桌中第一主宾的位置可以与主桌主人位置同向，也可以面向主桌的位置为主位。

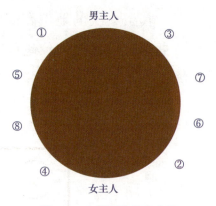

图5-3　中餐圆桌席位安排

此外，在安排客人座位时，还应考虑客人之间是否相识，有无共同语言。如果事先了解到某些人想通过宴会彼此相识，就可以将他们安排在一起就座，最好在宴会开始前，主人将大家做一番介绍，以便相互了解，宴会气氛才显得更融洽。

● 西餐宴会席位安排。在一字形的长桌席位安排上，一种是把主人和主宾安排在长桌的横向中间，主人坐在正中上方，第一主宾坐在主人的右侧，第三主宾坐在主人的左侧，副主人坐在主人对面，第二主宾坐在副主人的右侧，第四主宾坐在副主人的左侧。另一种坐法是把主人和副主人安排坐在长桌纵向的两端，主人坐在长桌的上方，第一主宾坐在主人的右侧，第三主宾坐在主人的左侧，副主人坐在长桌对应主人的下方，第二主宾坐在副主人的右侧，第四主宾坐在副主人的左侧。长桌席位安排如图5-4所示。

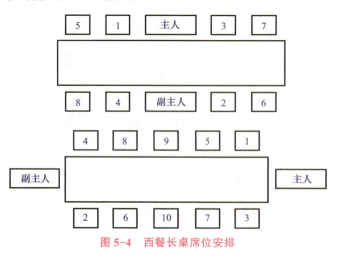

图5-4　西餐长桌席位安排

西餐宴会席位安排中，席位远近以男女主人为中心。宾客距离男女主人越近，越受尊敬。另外，为尊重女宾，切忌将其排于末座。

2．宴会接待礼仪

（1）迎宾

宴会开始前，主人及随从人员应站在大厅门口迎接客人。当宾客到达时，主人要迎上前去热情问好，并引领客人到休息厅。开宴前主人应陪同主宾一道入席，随从人员安排其他客人就座。

（2）宴会致辞

宴会组织者必须按宴会确定的具体时间准时开宴。宴会开始，主人先致祝酒词。致辞时手持酒杯，可以在主桌旁起立讲话，也可到布置好的致辞台上讲话。祝酒词可事先写好，也可即兴发言。致辞内容要简练，表明设宴的目的和要求，并表示谦虚和敬意。例如，某商店开业宴会祝酒词如下：

各位来宾：

今天本店举行开业庆典，我代表敝店的全体同仁，对诸位在百忙之中光临本店的开业典礼，表示衷心的感谢！敝店今天能顺利开业，全靠诸位的爱护和帮助。为表达对诸位的感谢，本店借开业典礼之际略备薄酒，望诸位来宾能够尽兴。

现在，我代表我本人及本店全体员工，先敬诸位来宾一杯，敬祝各位来宾身体健康，万事如意！

（3）席间敬酒

在宴请场合，主人都有向客人敬酒的习惯，宾客之间往往也互相敬酒。通常，酒水应当在饮用前再斟入酒杯。为了表示对来宾的友好，男主人会亲自斟酒。主人为来宾斟的酒应当场启封，并且应该是宴会上最好的酒。正式宴会上，斟酒的顺序是先主后宾，然后才是其他客人。在斟酒时，应站在宾客的右侧，酒杯放在餐桌上，酒瓶不要碰到杯口。

敬酒时，要上身挺直，双脚站稳，以双手举起酒杯，并向对微微点头示礼，对方饮酒时再跟着饮。在规模较大的宴会上，主人应依次到各桌上敬酒，每一桌派一位代表到主人餐桌回敬即可。宴会上互相敬酒，其意是互致友谊，宾主都应

礼仪与职业素养

量力而行，切忌硬性劝酒，甚至逼酒。

（4）热情交谈

主宾双方致辞、敬酒完毕，宴会进入比较宽松、自由的阶段。在整个宴会上，主办者不要一味同自己熟识的一两个人交谈，或只对一侧的邻座交谈而背向另一位邻座，或在整个宴会上坐着一声不吭。宴会上交谈话题很多，在选择时应注意话题的大众性、趣味性和愉悦性。对那些过于专业、晦涩难懂的话题应予回避，运用幽默来调节宴会气氛，避免出现冷场。

（5）适时结束

宴会时间应在1~2小时，不宜过长或过短。宴会程序基本完成时，主人要掌握时机，适时结束宴会。因为，结束过早，宾主双方未能尽兴，会使宾客对主人的诚意产生误解；时间拖延过久，又会导致宾主疲惫，冲淡宴会的气氛。

结束宴会的较好时机是：从服务来说，是服务人员端上水果时；从气氛来说，是宴会达到新的高潮时。适时结束宴会，可以给大家留下难忘的记忆。

知识链接

如何写好一封邀请函

正式的商务宴请一般都会用到邀请函，那么如何写好一封邀请函呢？

1．标题

标题是由文种名或活动名称加文种名组成，还可包括个性化的活动主题标语。如：阿里巴巴年终客户酬谢会邀请函。

2．称谓

邀请函的称谓是对受邀对象的称呼，一般使用个人姓名或受邀单位的名称，并在统称前加敬语。如：恭敬的先生/女士或恭敬的总经理（局长）。

3．正文

邀请函的正文是指活动主办方告知受邀对象举办宴请活动的缘由、目的、具体内容、活动时间、活动地点，并对受邀请对象发出得体、诚挚的邀请，切忌以随意告知的口吻。

正文结尾通常要写常用的邀请惯用语。如敬请光临、欢迎光临。

4．落款

落款要写明邀请单位的全称或者个人的姓名，写上发函日期。邀请单位还应加盖公章，以示庄重。

注意事项：

① 被邀请者的姓名应写全，别写外号或别名。

② 在两个姓名之间应该写上和，不能用顿号或逗号。

③ 应写明举办活动的具体日期（几月几日、星期几）。

④ 应写明举办活动的地址。

⑤ 写邀请函时不可用书信纸或单位的信函纸，而应用红纸或特制的请柬填写。

课后拓展

1．宴请中采取工作餐形式有何优势？

2．有人说在正式宴请中可以用请柬邀约、书信邀约、传真邀约、便条邀约等多种形式，你认为呢？

3．公司宴请一位重要客户，出席者有公司总经理、副总经理、公关部主任，以及对方总经理和下属成员若干，请你为这次宴请安排座位。

参考文献

[1] 魏雪，常瑛．礼仪与修养［M］．2版．北京：电子工业出版社，2014．

[2] 袁树森．老礼儿——正在消失的文明［M］．北京：团结出版社，2016．

[3] 许湘岳，陈留彬．职业素养教程［M］．北京：人民出版社，2014．

[4] 张俊英．做合格的职业人［M］．北京：电子工业出版社，2011．

[5] 惠俊艳，吕宗明，赵莎莎．商务礼仪［M］．合肥：北京师范大学出版集团 安徽大学出版社，2016．

[6] 伍海琳，罗辉．商务礼仪［M］．长沙：湖南大学出版社，2017．

[7] 张燕华．新商务礼仪［M］．北京：中国财富出版社，2017．

[8] 拙耕．公共场所礼仪［M］．长春：吉林教育出版社，2019．

[9] 靳斓．商务礼仪与形象魅力［M］．北京：中国经济出版社，2018．

[10] 伍海琳，罗辉．商务礼仪［M］．长沙：湖南大学出版社，2017．

[11] 黄樱焱．商务礼仪［M］．北京：北京理工大学出版社，2017．

[12] 贾琚杰，柳路行．试论求职简历撰写的原则、技巧及注意事项［J］．语文学刊，2014（5）．

[13] 路易·迪索．礼仪——交际的工具［M］．北京：外语教学与研究出版社，2007．

[14] 邹本杰．礼仪修养［M］．北京：北京师范大学出版社，2010．

[15] 王琦，舒卷，朱凤梅．"一带一路"沿线国家商务礼俗一本通［M］．成都：西南交通大学出版社，2017．

［16］舒静庐．亚洲国家礼仪［M］．上海：上海三联书店，2015．

［17］李文琦，付丽娅．商务礼仪［M］．北京：化学工业出版社，2019．

［18］金正昆．社交礼仪教程［M］．6版．北京：中国人民大学出版社，2019．

［19］金正昆．服务礼仪教程［M］．5版．北京：中国人民大学出版社，2018．

［20］绍宇翎，施琳霞，张鑫．商务礼仪［M］．杭州：浙江工商大学出版社，2018．

［21］金正昆．现代商务礼仪教程［M］．北京：高等教育出版社，1996．

［22］高田歌．商务素养——成功塑造你的商务形象［M］．北京：电子工业出版社，2019．

［23］杨眉．现代商务礼仪［M］．大连：东北财经大学出版社，2016．

［24］周思敏．你的礼仪价值百万3：商务社交篇［M］．北京：中国纺织出版社，2010．